池永寛明
中野順哉

日本再起動《ルネッセ》

＊「ルネッセ」とはラテン語の「再び・循環する（Ren）」と「実在する（esse）」を組み合わせた池永寛明の造語で、本質を再起動させるという意味を込めている。

パラダイムシフトの群像 People in a Paradigm shift
Case 002 池永寛明 Style PHILOSOPHY

関西学院大学出版会

まえがき

人生、いったい何がきっかけになるのかわからない。

企業人である。人事・マーケティング開発・企画・営業現場を経て研究所に移り、社会の現在とこれからを考え続けた。

数年前から日経COMEMOを書き始めた。

毎週、SNSで日本社会と文化を発信し続けた。

フォロアーが一万人を超えた。


書き続けるうちに、適合不全に満ちた現代社会の姿を、明確に感じるようになっていった。

近畿だけではない。日本の再起動が必要だとも感じるようになった。

そしてコロナ禍になった。

緊急事態宣言下のステイホームで、寝る間も惜しんで研究を続けた。

日本史、第二次世界大戦の記録、幕末、徳川時代の幕藩体制、戦国時代——時代がリセットされる段階で、いったいこの国で何が起き、それがどうなっていったのか。なぜそうなったのか。考え続けた。

また技術と社会の関係についても研究した。古代から現代へ。技術が何を変え続けてきたのか。これから社会はどうなっていくのか。ひたすら考え続けた。

それらをもとに、明治維新後百五十年、戦後七十五年、失われた三十年を振り返ってもみた。

徹底した総括をしない、この国の奇妙な「赦し合い」の習性が、どの時代にも潜んでいる。強くそれを感じた。

そして——
コロナ禍後の社会の姿が見えてきた。

ＳＮＳでの日経ＣＯＭＥＭＯや「コロナ禍後の社会を考える」連続講座を通して、企業人として考えてきたことや見えてきたこと、日本の再起動の必要性を伝えてきたが、作家・中野順哉氏との対話を通して、また一つ別の方法で発信してみたくなった。

それがこの本だ。

一つの時代の証言。パラダイムシフトの群像の一つとして、何かを感じ取ってもらえればありがたい。

池永　寛明

日本再起動《ルネッセ》　もくじ

誰も振り向かない。興味も持たない。期待もしない。だから誰もやってこないし、受け入れてもくれない。大きな取引もなく、経済が動くこともなく、政治的発言力もなく、ただそこにある国――。

そこに住む人は部屋に引きこもったままで、コミュニケーションを楽しもうとしない。いや、楽しめないのだ。なぜなら、人と交わるための五感も知性も錆び切っているから。出てくる言葉といえば「めんどくさい」、「まあええんと違う」、「意味わからん」、「訳わからん」。たまに感銘を受けることがあっても、発する言葉はなく、「やばい」くらいが関の山。

将来の夢――そんなことを考えた時代もあったらしい。おびただしい無気力な人の群れを、他人事のように眺めながら、それでもなけなしのプライドでこう言う。「私は日本人だ」と。

そんな未来の絵図の中で自分たちの子孫が生きることを望む人はいないだろう。ならば本気で考えるべきではないだろうか。

――この国の再起動《ルネッセ》を。

1　適合不全時代

適合不全との共存と赦し合い

適合不全との共存と赦し合い。

より良い社会をつくっていこうという空気が薄れる要因の一つがこれである。

社会における適合不全との共存と赦し合いとは、以前に組み立てられたルールや仕組み、考え方などが、現代社会との間でズレてしまっているにもかかわらず、そういった過去の取り決めを受け入れようとすることである。

たとえば結婚や就職のことを考えてみよう。若人の中にはどちらも「しない」人が結構いる。積極的に「しない」ことを選択する人もいれば、不幸にしてできなかった人もいる一方で、そのどちらでもないのに「しない」人がいる。したくないわけではない。できないわけでもない。

ただ、めんどくさい。


若人から子供に目を転じてみよう。とある塾の先生が子供たちに尋ねた。

「外国に行きたいと思う人？」

子供たちの年齢は小学六年生だ。人数は三十人。そのうち、「行きたい」と言ったのは三名であったという。なぜ行きたいとは思わないのか。

めんどくさい。


大人になると少し違った表現になる。道端にごみが捨てられていても、停めてはいけないところに車が停められていても、「ええんちゃう（いいじゃないか）」と言って我関せず。

物わかりが良いのではない。物事に対して真剣に向かうことをせず、「めんどくさい」と感じているのだ。

いったい何が「めんどくさい」のだろう。

「結婚するべき」「就職するべき」「子供なら海外に行ってみたいと思うべき」

「大人なら、紳士であるなら、かくあるべき」これらはすべて「過去に組み立てられたルールや仕組み、考え方」である。現代人の多くはこういった過去の取り決めと、いま自分を取り巻く現実・社会・環境との間にズレがあると感じている。つまり適合不全に気づいている。

一方で、ズレていても、それらを履行しなければならない「空気」の存在を感じている。適合不全に対して敏感であれば、当然そういった取り決めについても「なんでや（なぜだ）」という疑問を持つようになる。きちんと追究すれば、そもそもの意味・本質も見えてくる。本質を見つけることができれば、ズレた取り決めを時代に適合させるアイディアが生まれてくる。しかしそれをしない。取り決めを認識としては受け入れるが、履行からは逃れたい。これが「めんどくさい」の正体。

「めんどくさい」がまかり通るのは、履行しないことが許されるからだ。なぜ許されるのか。一つは、適合不全を起こしている過去の取り決め自体に、意味がなくなっているからであろう。それらはどれも、決められた当時の本質や文脈・コンテクストから離れ、たんなる名目・コンテンツとして残っているにすぎない。

そんな形骸となった取り決めに、社会を左右する力などあるはずはない。従わなかったからといって、どうということはないのだから、受け入れるふりをして、履行をしないのが、もっともストレスが小さい。

もう一つは「まかり通す」ことで、危機を回避しているのかもしれない。「めんどくさい」と言えば、何か軽い日常的な言葉でもあるかのように聞こえるが、その背景には深刻な問題が横たわっている。適合不全を起こしている過去の取り決めを、真正面から受け入れればどうなるか。たんなるコンテンツに従属することになる。コンテンツには実体がないので、対話もなく、内容を深めることもできない。ただ「盲従する」しかない。そこに身を投じると過剰適合を起こし、ある人は引きこもり、うつ病を発症したり、場合によっては自殺したり——軽く「めんどくさい」と言って逃げなければ、いつそんな落とし穴に陥るとも限らない。真剣に向かうことが怖い。これが本音かもしれない。

文脈・コンテクストのないコンテンツは形骸にすぎないが、つきあい方を間違えると人を傷つける。それを回避する言葉・態度が「めんどくさい」であるのだとすれば、子供たちまでがこの言葉を口にする姿に寒さを覚える。

社会の「適合不全」のメカニズム

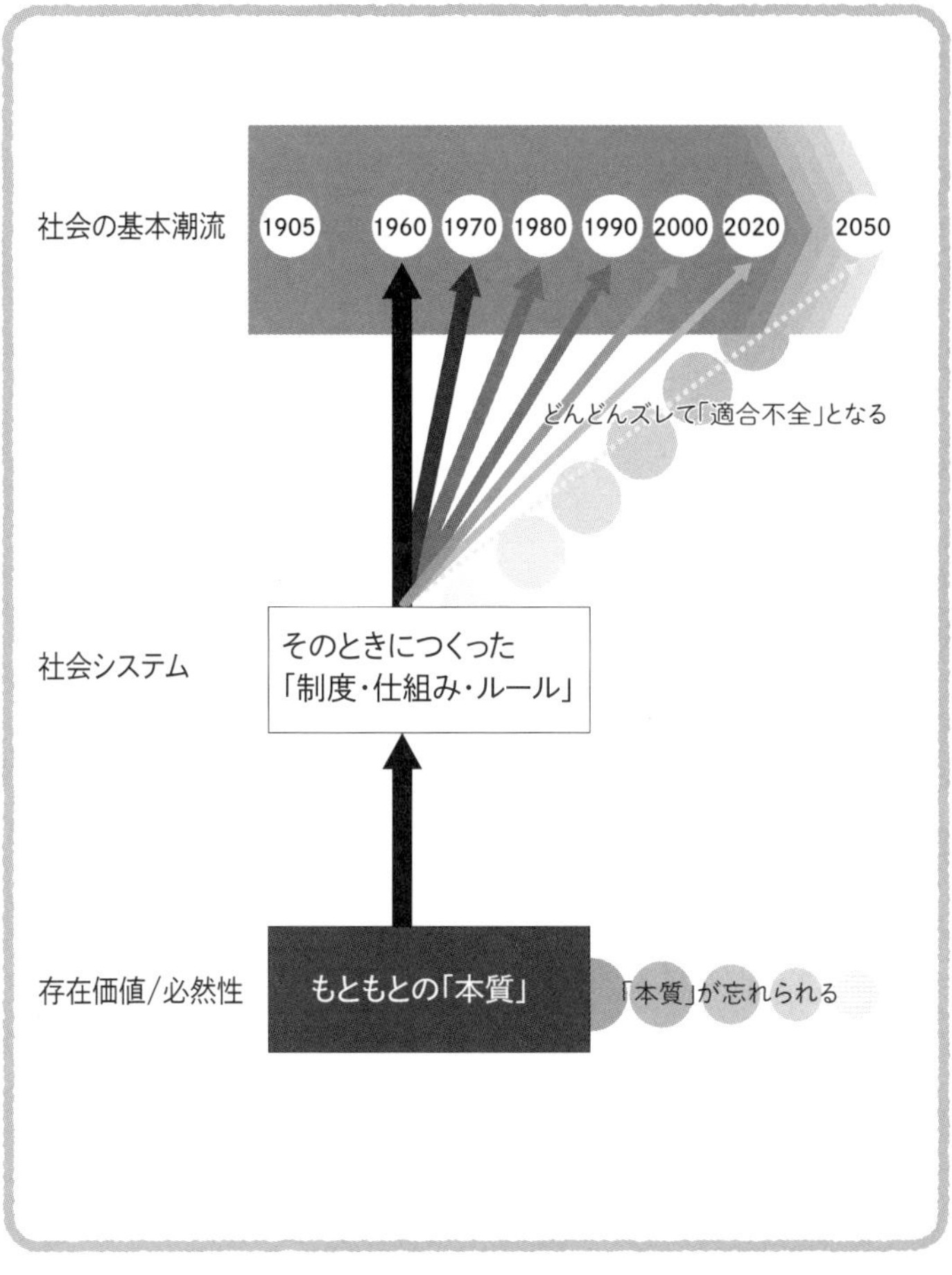

母性原理と「場」

背景や文脈・コンテクストが消えたコンテンツが適合不全を起こし、社会を混乱・無力化させる。このような現象はいまに始まったことではない。歴史上のどの国の、どの時代にもあったことである。古代のローマ帝国が分裂し、滅び、ヨーロッパにさまざまな国が生まれたこと。中国大陸で漢が滅び、同時に周辺にさまざまな国が生まれたこと。巨大なモンゴル帝国が生まれたが、これも分裂し、最後は滅んだこと。社会主義国の多くが、同時に崩壊したこと。いずれもその時代にさまざまな社会システムが適合不全を起こした結果だといえる。人間が時という川の中で生きる生物である以上、つねに変化を続け、いったん生まれたシステムは時が経てば適合不全を起こす。どの国にも、どの時代にも起き得ることであり、これからも繰り返されることである。

だが日本においては事情が異なる。過去の取り決めがなかなかリセットされないのだ。他国の歴史ではおおむね、適合不全が顕著になればリセットを繰り返す。王朝が滅んだり、宗教が変わったり、政治のシステムが根本から入れ替わったり――。過去を総括し、課題の本質を明らかにし、新しいシステムを稼働させる。しかし日本人はこの総括を徹底しない。自らを赦してしまう。それゆえに新しいステージへと変化しても、過去のコンテンツが残る。旧体制の当事者は赦され、新体制下に育つ新しい世代は、馬鹿馬鹿しくなってコンテンツを無視しつつも、過去と共存し赦し合う。

なぜ総括が苦手なのか。それははっきりとはわからない。起源をたどってゆけば戦後、明治、戦国の終わり、室町の南北朝、鎌倉、源平、平安、仏教の伝来……いずれの時代にもそれらしい足跡が残っているが、ここが起源だろうという決め手はない。

ただ、こんな話を聞いたことがある。心理学者・河合隼雄氏の説だ。彼は日本が母性原理の社会だとし、その特徴を次のように語っている。

「母性原理にもとづく倫理観は、母の膝という場の中に存在する子供たちの、絶対的平等に価値を置くものである。それは換言すれば、与えられた『場』の平衡状態の維持にもっとも高い倫理性を与えるものである」

これを「場の倫理」と名づけ、父性原理にもとづく、個人の欲求の充足・個人の成長に高い評価を与える「個の倫理」と対比している。

河合氏は「場」についてこうも述べている。

「場の中に『いれてもらっている』かぎり、善悪の判断を越えてまで救済の手が差し伸べられるが、場の外にいるものは『赤の他人』であり、それに対しては何をしても構わない」

「場」の平衡状態を保つ倫理観。

それを乱す者は「場」の外に追いやられる。

「場」の外に対しては何をしてもかまわないし、何をされても文句は言えない。

これらの前提をもとに考えるなら、徹底した総括は「場」の平衡状態を乱すタブーであり、それを敢行した者は迫害される。それが日本の行動様式だといえるのかもしれない。


たしかに日本の企業では、こんな場面を目にする。社内で以前から守られてきた過去の取り決めがあった。それはすでに適合不全を起こしていた。新入社員がそのことに気づいた。彼・彼女は信頼する上司に、気づいたことや改善するべき点などを話した。しかしその話は会社で真摯に審議されることなく、消えてしまう。上司がそれを上層部にあげないからだ。

上司は新入社員の意見を理解した。しかし「場」の平衡状態を維持しようという思いのほうが強く働いたのだ。そのほうが「場」の倫理観において正しいと感じたのだろう。とても自然な選択として。もう一歩想像を逞しくすれば、「場」の平衡状態を乱し、外に追いやられることを恐れたのかもしれない。適合不全を起こした過去の取り決めは、このような「場」の倫理の中で総括されないままつねに「赦されて」ゆく。

政治しかり、企業しかり、伝統芸能しかり。

そして「場」を守るがゆえに本質からどんどん乖離し、形だけのコンテンツとなって浮遊してゆく。

「地域社会をどうするか」

「産業をどうするか」

「経済をどうするか」

「文化をどうするか」

コンテンツだけを追いかけても答えは出てこない。

しかしコンテンツトを追いかけようとはしない。

「場」の平衡状態を守るためには、総括もコンテクストの追究も、すべてがタブーなのだ。

共有してきたプラットフォームの消失

「場」の平衡状態を保ちつつ、タブーに触れず、それでも「自己」を保とうとするには、「場」の内でもなく外でもない「あいまい」な「場」が必要となる。仮にそれを「第三の『場』」としておこう。日本人はそれを、いろいろな場所に求めた。たとえばひと昔前までの日本の家屋を思い描いてみよう。そこには現在は見る機会の減った特殊なスペースがある。縁側や中庭だ。縁側・中庭は、はたして内なのか外なのか——区別し難いエリアである。これこそが「第三の『場』」である。

家の中になぜこのような「場」が必要であったのか。それは、家族とともにいる「場」の平衡状態を保ちつつ、個人としての「自己」を保つためである。「場」の内でもなく外でもない「あいまい」な「場」を設ける。そこに身を置くことで、何事にも邪魔されない「自己」を保ち、問題となっている事象を、時には鳥

内と外

内でもなく外でもない場「まんなか」の存在

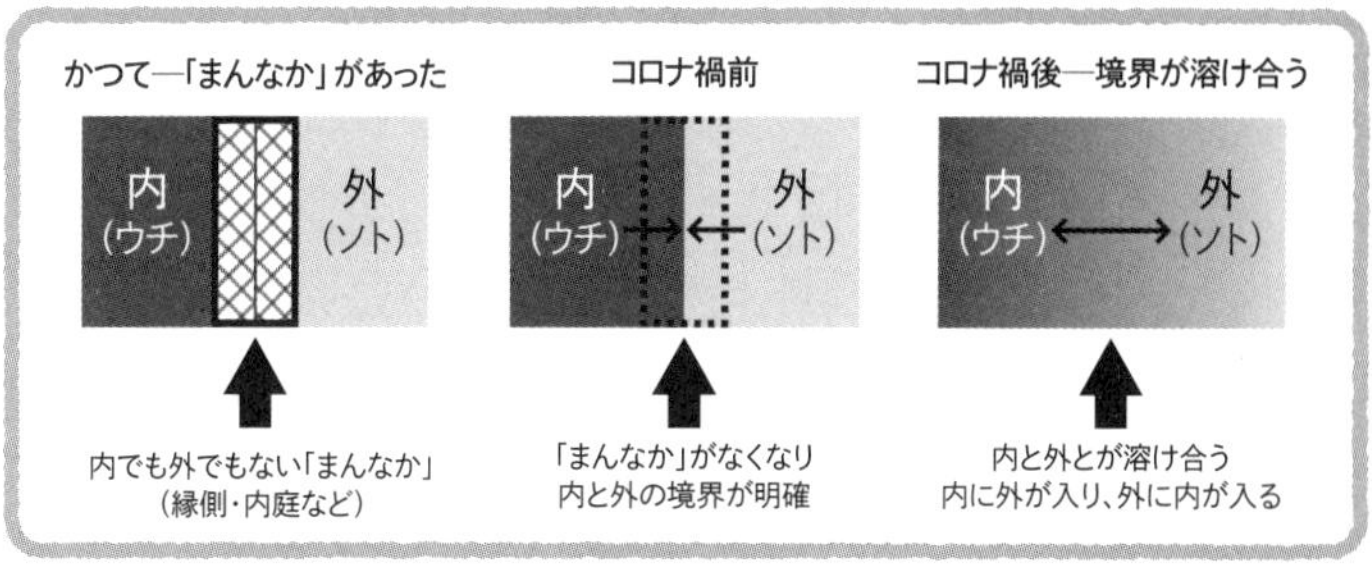

鳥の目・魚の目・虫の目

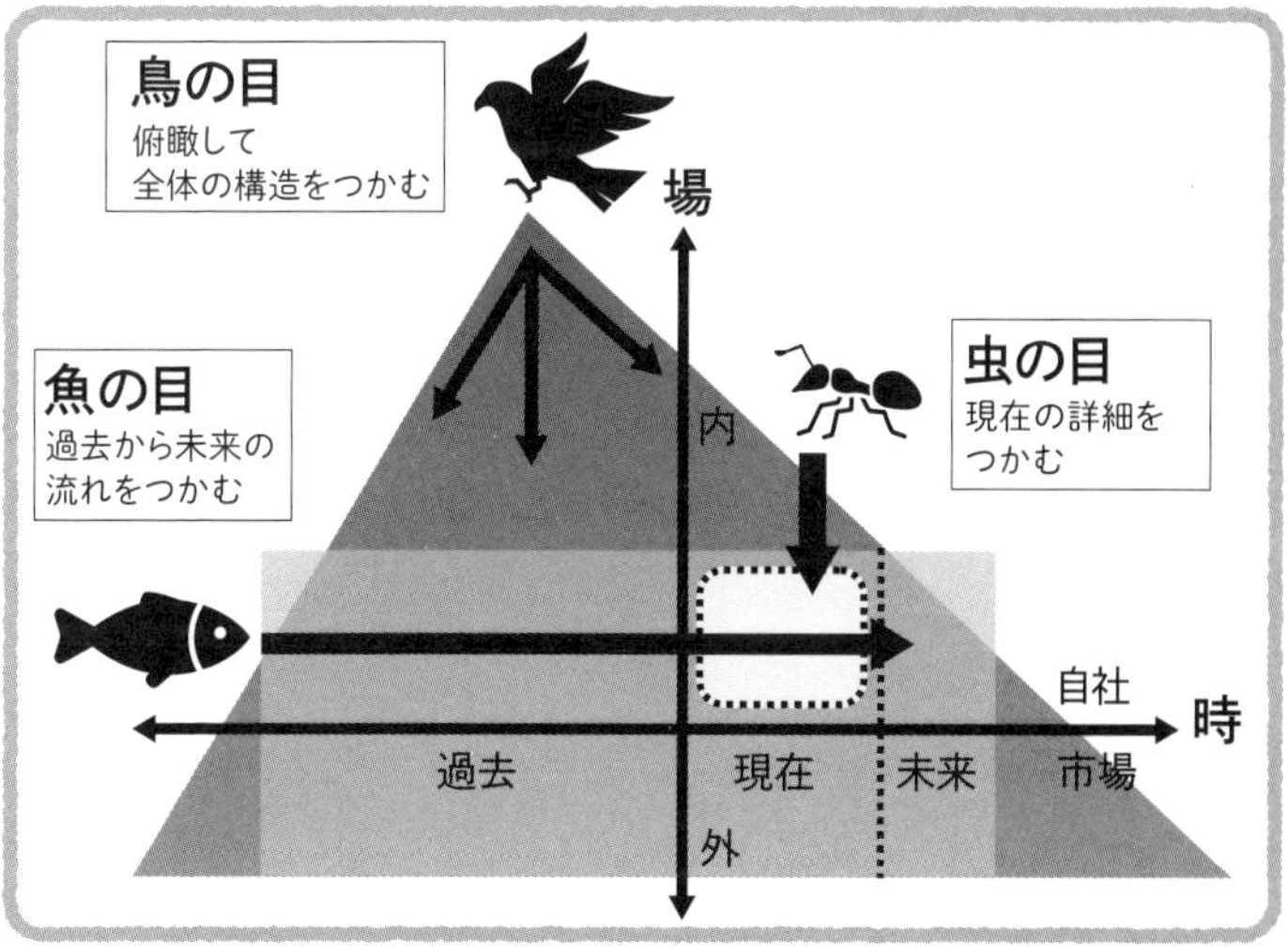

の目、時には魚の目、時には虫の目で俯瞰し考えることを可能にしたのであろう。「第三の『場』」は、家の外にも拡張した。家の周りの近所。「このあたりまでは内でも外でもない」と思われるエリアでは、パッチやステテコでうろうろする「紳士」も少なからずいた。電車に乗って出かけるのであれば着物やスーツに着替える彼らも、「近所」という「第三の『場』」では自由にふるまえたのだろう。

物理的な「場」だけではなく、人間関係にもそれは存在した。たとえば家庭にも「第三の『場』」的な役割を担う人たちがいた。かつて家には父母と子以外に祖父母、結婚した兄弟の家族などが同居していることが多かった。あるいは、夕方になればなぜか居間にいる近所のおじさんといった「よくわからない人」も混じっていた。そういった家族としての関係性が「間接的」「あいまい」な人が、「第三の『場』」的な役割を担った。

たとえば子から親に直接言いにくいことがあったとする。子は同居する「間接的」「あいまい」な同居者に話をし、かわりに親に伝えてもらう。あるいは親子が直接対決をしているときなどは、その仲裁の役目を果たす。それぞれが、その時々の役割を持って、衝突を生まないようにしていた。そうすることで、親も子も家という「場」の倫理を保ちつつも、それに左右されない「自己」を育み守ることができた。

またこれは大阪でのことだが、江戸時代に「あやまり役」がいた。寺子屋で師匠がある子供を怒りそうになると、別の子供が師匠の前に出てきてあやまる。師匠はこの「あやまり役」の子供を叱る。どれだけ叱られても、自分のしたことではないので、「あやまり役」は一向に傷つかない。また師匠のほうも、歯に衣着せずきちっと「言うべきこと」が言える。悪いことをした子供は、両者のやりとりを見ながら反省する。この特殊な関係性は、「第三の『場』」を転用したものだといえよう。大阪は「第三の『場』」に対する意識の高い都市であったのかもしれない。直接的なコミュニケーションを避け、第三者を関与させる方法を社会の中につくりあげることができた都市。「自己」の独立性を求めた力強さを感じる。

こういった「あいまいさ」によって「『自己』の解放」を生み出す空間・存在を「中間」といっておこう。日本人はこの「中間」を生み出すことによって、「自己」を成長させた珍しい民族なのだ。それゆえ日本人の「自己」は特殊だ。

外国語と比較すれば顕著である。日本語には「複数の一人称」があるが、そのような言語が欧米にあるのだろうか。英語ではいかなる環境であっても、自分はつねに「I」であるが、日本語では相手が変われば「私が」「僕が」「俺が」「お兄ちゃん・お姉ちゃんが」「お父さん・お母さんが」「おじさん・おばさんが」などと変化してゆく。「場」の平衡状態を優先する社会では埋没しかねない「自己」が、「中間」によって守られ、形成されてきた結果であろう。「中間」では多種多様な「相手」との対話があるため、そこで育まれる「自己」は相対的である。欧米のように絶対的な個人としての「自己」とは異なるものになるのだ。

付け加えるならば、さまざまな一人称に「弟」「妹」「息子」といった言葉は使われない。これも「場」の平衡状態の維持が背景にあると思っている。「場」の主導権は能力ではなく、年長者としての「上司」に委ねられている。「中間」にも、その倫理は生きていたのではないだろうか。

「中間」では対話が生まれる。その対話が日本人に「自己」を確立させ、同時にものを考えさせた。多種多様の対話が「自己」の持つ五感を磨き、思考とともに知性を育ませた。五感と知性が混ざり合い、積み重なったもの。それが日本社会の共有していた「プラットフォーム＝知的基盤」であった。

戦後から現代。団地・マンションなどに代表されるように、生活空間から中庭・縁側、あるいは客人と対話する応接間といった「中間」が消えていった。内か外か――これに呼応するかのように、祖父母、親戚、近所の人といった同居層が消え、核家族化が進み、現在は独居も多くなった。外からの訪問者も減っていった。最後まで残っていた「中間」は「旅の移動」であったかもしれない。内でも外でもなく、対話し、考える時空間。しかしそれも高速道路や新幹線などの登場によって消えていった。

子供たちは「自己」を育む「場」を失い、引きこもったり、過剰に反発をしてゆく。同時に思考の機会を失い、いつしか与えられた問いに対する答えだけを暗記するようになる。人々が共有してきたプラットフォーム（知的基盤）が薄くなり――いま、さらに深刻な問題を生み出している。ブラックボックスの肥大だ。

プラットフォームが与えた力＝想像力

ブラックボックスの肥大について考える前に、人々が共有するプラットフォームが何を生み出してきたのかについて考えてみたい。「中間」が生み出すプラットフォームの基礎には対話と思考があった。対話して考え、考えて対話する。そうやって互いに異なる視点と情報を提示し合い、テーマを深めていった。つまり「混ざる」のだ。

たとえば食。ここにも、この「混ざる」が生きている。日本料理には「出会いもの」という言葉がある。かつて冷凍庫も冷蔵庫もなかった時代には、「季節の旬」はとても大切な「出会いもの」であった。この「出会いもの」をどのように食すか——食材、人、季節、空間……さまざまな対話が、原形を残さない「混ざり」や、原形を残したままの「交ざり」を生み出して、日本料理は洗練されてゆく。そのベースとなるのが出汁だが、これも北海道の昆布と鹿児島の鮪節《まぐろぶし》に焼津の鰹節《かつおぶし》、そして大阪の水が生み出した「混ざり」。さらに興味深いのは、「混ざる」は固定されない。塩・醤油の配分は季節によって変える。そこから「塩梅《あんばい》（醤油は昔「梅酢」だった）」という言葉も生まれた。そもそも「混」という漢字は、「水が流れて丸くなっている様子」を表している。つねに動いているのだ。日本料理は「AでなければB」ではなく、「AでもありBでもある」「AでもないBでもない」。内か外かの二項対立とはまったく異なる発想。陰陽融合とでもい

まざる

混ざる

もとの食材を見えなくするようにまぜて、
新たなものを生み出す

A+B→C

交ざる

もとの食材を見えるようにまぜて、
新たなものを生み出す

A+B→A+B

日本的なるものをつくりだす

たとえば日本料理。美味しさという「機能性」を担保し、行事には季節の旬の食材を調理して食べるという「精神性」を外さず、創意工夫して磨き洗練させ、多様化させてきた。

機能性×精神性×洗練性×多様性

写真提供 日本料理「かこみ」

うべき「中間」の対話と思考ならではの産物であろう。

音楽も同様である。浄瑠璃の三味線は、その時その瞬間にあるさまざまなテーマとの対話から音を生み出す。五線紙で生まれる西洋音楽とは、まったく異なる世界だ。精神的な「混ざり」があり、音としての「交ざり」がある。それゆえに浄瑠璃になくてはならない存在として光るのである。

「混ざり」を生み出す対話と思考。人だけではなく、季節、食材、空気、時間、音……さまざまな相手との対話を可能にするのは、人間の持つ五感である。そして五感を駆使した想像力である。日本人の知的基盤は、想像力を著しく成長させていった。その究極の芸が能であろう。「混ざる」精神世界には、無数の心（心の連続体）がある。それを想像し、幾重にも重ねて感銘を与える芸――このような世界は一人称を複数持つ国でなければ生まれようもない。能が限りなくディテールを省いていくのも、見る人間の想像を自由に遊ばせるためである。換言すれば「見えないことを観る」という行為でもある。かくして能舞台は、見えないものを観合う――演じる者と見る者の心が「混ざる」場へと昇華してゆく。この感覚が浸透し、日本人は無数の思いを一つのものに込めて表現する、精神的デザインを獲得するようになるのだが――こういった日本の美意識は、「中間」とい

日本的感性

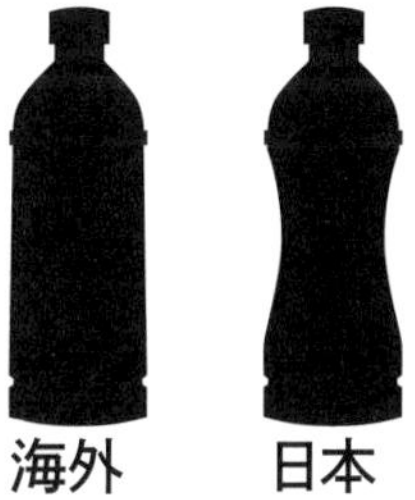

日本的感性とは、
相手のことを「想像」することから
生まれる。

想像とは、像（イメージ）を
想い浮かべること。

飲む人の姿を想像して
ペットボトルの形を考える日本

う「混ざる場」があってこそ生まれたのだということを、あらためて認識しておきたい。

　この美意識は、現代も生きている。たとえば三五〇や五〇〇ミリリットルのペットボトルの形。握って持つ部分に独特の凹みをつくる。これは「見えない相手」の使い心地を思い描く、想像力の賜物《たまもの》であろう。日本のペットボトルのような発想は、欧米人には難しい。「アジアのシリコンバレー」深圳《シンセン》ですら、「日本のデザイン力にはかなわない」と言っている経営者もいる。ここでいう「デザイン」とは、ものの形を示す物質的デザインのことも含むのであろうが、それ以上にものに込める精神的デザインを意味している。日本のデザイン力は、マクドナルド、セブンイレブンなど海外由来のものを世界的な存在にしてきた。それを可能にしたのは、対話と思考。そして想像力による独特の掛け算ではないだろうか。

機能性×精神性×洗練性×多様性

使いやすさを考え、そこに思いを込め、洗練させ、「混ざり」の世界へと昇華させる。興福寺の阿修羅像。戦いの神を、あのような穏やかな像へと変化させていったのも、仏像としての機能性、祈る精神性、美しさを求める洗練性、AでもありBでもある、AでもなくBでもないものを生むという多様性が、「混ざる」掛け算である。足し算ではなく、掛け算としたのは加減乗除の法則にもとづいたわけではない。創造と想像の性質的な対比をイメージしている。

ゼロからイチを生み出す創造（＝クリエーション）。それは一つの絶対的な存在だ。「創」という字は「絆創膏」や「満身創痍」といった言葉に使われる。創は傷であり、刃物で斬った傷口を表すものでもある。自分が良いと考える価値観で、ゼロからものをつくる「創造」。提示された側（たとえばお客さま）は、それを解釈することを求められる。創造に創造を重ねることは、たとえるなら一冊

想像と創造

想像 Imagination	使ってくれる人の姿をイメージしたものをつくり「これ、ええなぁ(いいね)」というお客さまの共感を願う
創造 Creation	自分がいいと考える価値観でものをつくりお客さまに「解釈」を求める

一冊違った本を、本棚に並べるような状態。究極は巨大な図書館が生まれる。これは足し算である。

一方、対話して考えることで生まれる想像（＝イマジネーション）は、相手があって初めて想起されるもの。提示される人（たとえばお客さま）が、どのように使うのかを思い浮かべるものづくりだ。「これ、ええなあ（いいね）」と、使う人に感じていただくことを願う。想像はどこまでも相対的であり、その都度、意味も価値も変化する。ゆえに想像に想像を重ねても「足す」ことはできない。混ざり合うしか方法がないのだ。

それは掛け算といいたい。万葉集に「山越しの風を時じみ寝る夜おちず家なる妹を懸けて偲ひつ（＝山越の風は絶え間なく吹き、夜はつねに家にいる妻を思って偲ぶ）」という歌にもあるように、掛け算の「掛ける」、その古語である「掛く・懸く」という言葉には「思慕・憐憫・恩情・信頼・期待などの心を、相手に向ける」という意味がある。相手を思う算術＝掛け算。まさに想像の混ざり合いだ。導き出す答えは変幻自在でXにもYにもなる。こういった想像力を育くむのが「場」としての「中間」であり、蓄積されたプラットフォーム＝知的基盤なのである。

ブラックボックスの肥大

「中間」が消え、対話と思考を重ねる「場」が消え、プラットフォームが消えつつある。同時にあるときから日本人は得意であったはずの「想像」よりも、「創造」が求められるようになっていった。日本人のものづくりは「想像」だといったが、もう少し詳しくいえば「想像して創造する」という構造を持つ。相手が喜ぶ姿を思い浮かべ（想）、それが実現できるようにつくりあげる（創）。この順序がとても重要な意味を持っていた。

しかしいまシフトしている日本の「創造」は、「イノベーション」を取り違えたもの、想像↓創造の順序を無視した「独りよがり」に陥っているものが多い。生活空間がそうさせるのか、核家族という状態がそうさせるのかはわからない。ただ言えることは、想像から生まれていない創造を、イノベーションとして偏重した結果、「ゼロかイチか」「白か黒か」「無か有か」という二項対立的思考を社会全般に植えつけることになったのだ。対話と思考ではなく、取捨選択が幅を利かすようになれば、想像力の居場所はなくなってしまう。

対話と思考が想像を導く――その過程を少し別の視点から分析すれば次のようになる。

① 外から新しい情報が入る。
② 暗号化（コード）された情報から、本質が何なのかを、対話と思考で読み解く。
③ コードをもとに、内なるモード（自分たちの社会になじむ形）にするには、どうするのが良いのかを想像し、掛け算を繰り返す。
④ 新しいモードが生まれる。

日本人はこれが得意だった。

阿修羅像や平仮名・片仮名、茶の湯、鉄砲、カステラなどもその産物だ。なかでも世界に影響を与えていたのは、漢字二文字で構成される概念だ。「銀行」、「経済」、「政治」、「会社」、「社会」……「漢字なのだから中国のものだろう」と思う人も意外に多いが、中国人は古来、概念は漢字一文字で表現していた。仁・義・礼などは中国的な概念だといえるだろう。中国の歴代王朝もほとんどすべてが漢字一文字。姓も漢字一文字。では二文字は――日本製である。現代の中国の国名のうち、人民・共和も日本産。中国文化の暗号（コード）を読み解き、日本が生み出した概念（モード）。そのハーモニーが、中国の国名を生み出しているのだ。


しかし最近はどうだろう。

コンセプト、コンテンツ、コンテクスト、ダイバーシティ、インバウンド、アイデンティティー、ソーシャルディスタンス、オンライン、デジタルトランスフォーメーション、サスティナブル、パンデミック、SDGs、IoT、AI、VUCA……翻訳できなくなった。まったく日本的なモード化がなされていない。生み出す「中間」が消えた。対話と思考が消えた。共有してきたプラットフォームが消えた。知的基盤が消えた。

知的基盤が消えると、情報のコードを読み解くことも、それをモード化・言語化することもできなくなる。このことでもっとも苦しんでいるのは若者だといっていい。会社を想像してみよう。かつて情報は上司のものであった。上司しか知り得ない情報を、どのように翻訳・編集して部下に伝えるのか。それを調整するのも会議の役割の一つであった。しかしいまはそれが逆転した。インターネットの普及からスマートフォンへと進化した現代、情報はむしろ年配層の上司より若者の側にある。これは情報における下剋上だと捉えてもよい大変革である。

ただ、若者が育ってきた空間には「中間」や「知的基盤」が薄くなっている。情報は手にしているものの、そこからコードを読み解き、モード化する「場」も手立てもないのだ。だからスピードと量で勝負するようになる。情報の取得を急ぐ結果、本などでじっくり調べたり、現場に足を向け、見たり、聴いたり、調べて考えるなどという手間は不利になる。検索して手に入れた情報をそのまま使う。情報を読み解き知に変換し格納してきた知的基盤は、ブラックボックス化してゆく。

ブラックボックス

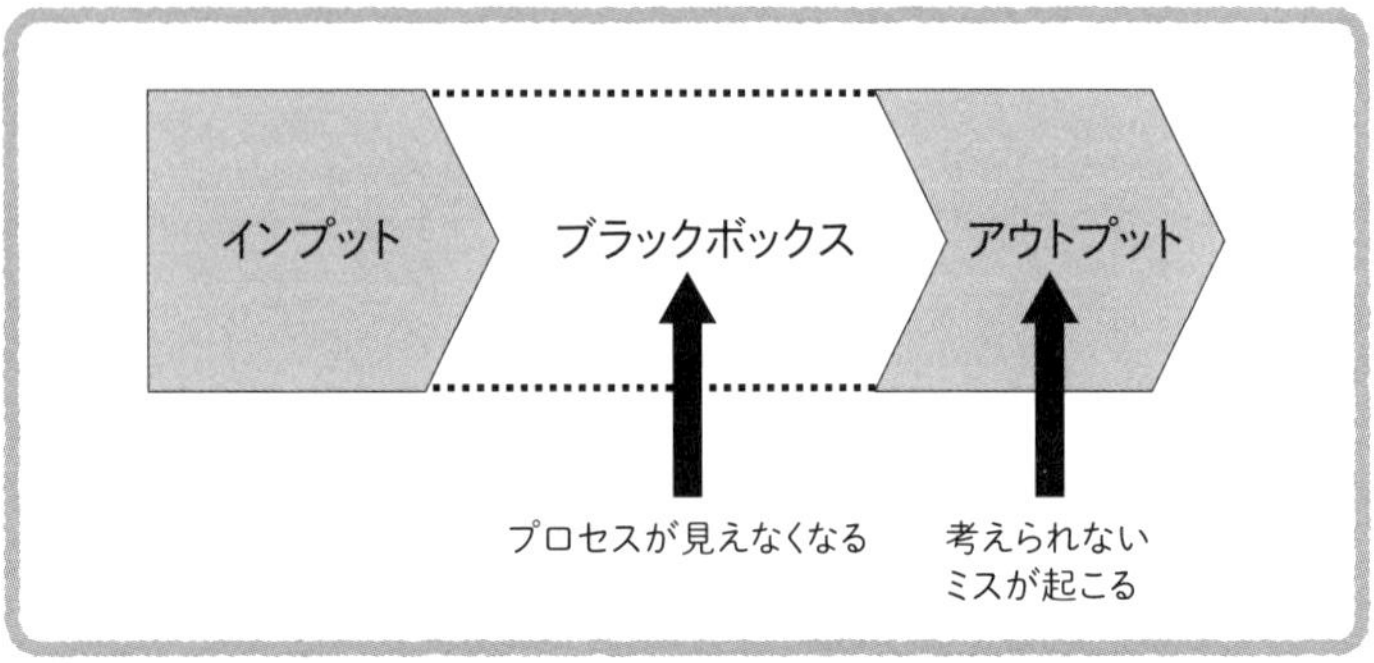

「ブラックボックス」とは、たとえばスマートフォンを駆使することで、情報の精査・再考から取得へのプロセスが見えなくなることを意味している。見えているのはインプットとアウトプットのみである。これはスマートフォンに限ったことではない。さまざまなこと、あらゆることが便利になった。その結果、社会、ビジネス、暮らしのいたるところからプロセスが消え、中身が見えない＝ブラックボックス化が広がっている。たとえば出汁。出汁の素が普及するようになって、昆布や鰹から手間暇をかけて出汁をとるというプロセスが消える。

不要なプロセスもあったかもしれない。しかし理解しておくべきステップを踏んでいく重要なプロセスもあった。それが見えなくなってゆくと、今度は見えなくなっていることすら気がつかなくなる。慣れてしまえば「重要だったことが見えなくなっている」という意識が消える。入口と出口が残るが、そもそもの本質が忘れられ、物事が変容・変質してゆく。

それだけではない。

いまは入口まで忘れられようとしている。スマートフォンでいうならば、検索よりも専用のアプリが出口を与えてくれる。

結果――

ペットボトルは知っていても、どうやってつくるのか知らない。

東大寺や平等院鳳凰堂は知っていても、どのような社会の背景があって、それらが建立されたのか調べようとしない。

『源氏物語』や『枕草子』は知っていても、なぜそれが書かれたのか考えてみたことがない。

対話も思考もなく、いきなり手に入る情報。横文字が羅列され、どこかで見たような、コピー&ペースト的な「思考」「意見」「論文」などが量産されてゆく。そして本質から切り離されたコンテンツが次々と浮遊してゆく。適合不全を起こしている事象も、ブラックボックスをやすやすと通過し、省みられることなく残されてゆく。

いまの日本は――

そもそもの母性原理的な「場」の倫理による支配と、核家族化・「中間」の消失・知的基盤の消失と、それに伴うブラックボックス化の肥大によって、出口なき適合不全時代にあるのだ。

2 観の覚醒

「専門」への疑念

令和二年は世界的にも記憶に残る一年となるであろう。新型コロナウイルスの蔓延によって、文字通り世界は変わった。「これは一過性のもので、またすぐもとに戻る」という意見もあるが、はたしてそうだろうか。人間はそこまで単純ではない。

三月から四月にかけて世界中の人間が活動を停止した。そのとき何が起こったか。ガンジス川やヴェネツィアの運河が澄み、公害でつねに曇っていた空が青くなり、大気中の二酸化炭素が減少し、動物たちが活発に活動をし始めた。その瞬間我々は自然の力の偉大さを思い知らされたはずだ。それまで「自然」と「人間」を切り離し、「人間が自然をなんとかしなければ、環境を守ることはできない」という論調が大手を振って歩いていたが、それは人間の力への過信ではないのかと、疑問を持つ人も出てきた。何が正しいのかは、いまここで論じるべきことではないが、注目したいのは「専門家」のセオリーに一般市民が疑問を持ったということである。「ほんまか?」の復活――これは偉大な一歩だ。肥大化しているブラックボックス、その闇を払うきっかけとなるからだ。

疑いの目でまずは自分を取り巻く景色を見直してみてはどうだろう。

都市にはさまざまなビルが林立している。どのビルもそれなりの姿をしているが、古の城や武家屋敷、大店の屋敷、あるいは明治から戦前までの近代建築などと比べれば、味気なさを感じてしまう。時が流れ、これらのビルも古くなれば味わいが出てくるのだろうか。そんな気がしない。また、現代のビルは少しでも古くなれば簡単に取り壊されてしまう。金融や建築の「専門家」はつねに古くなった建物を壊し、新しく建て替えることを勧める。そうすることで不動産価値が上がる――理由はそれだけだ。そこに込められた人々の思いなど、いっさい顧みない。町の景観は必然を失い、代替可能なものとなってゆく。

それでも「専門家」に委ねてしまう。「中間」が消え、知的基盤が消滅し自分で考えることができなくなってきているからだ。スマートフォンによる検索と同じように、「専門家」が幅を利かしているのだ。そこから得た情報を鵜呑みにして使う――ブラックボックスが肥大してゆけば、ますます「専門家」が必要になる。仮に中身がなく、借り物のセオリーを展開していても、あるいはまったく利己的な思惑を隠して、表向きはきれいな論理を吹聴していても、そしてそのことに、「専門家」の話を聞く側も薄々気づいていても――「まあ、ええんとちがう」自分で考えるのもめんどくさいと他人事にしてしまう。

そんな「専門家」の論を他人事とせず、自分のこととして考え、「ほんまか」と疑いを持つようになった。

大きな一歩だ。

同時に、やはり人間も自然の一部として偉大な回復力を持っているのだ、という気がする。

「専門」は便利

「専門家」という存在について考えてみよう。

専門性を高く評価する。この風潮はじつはそんなに古くからあるわけではない。たとえば江戸川乱歩の小説に登場する明智小五郎。明智はなんでも知っているし、それを忘れない博覧強記の人物。柔軟で幅広い視点から、「専門家」（この場合は主に刑事など）でも気づかない発見をしてゆく存在だ。作品が書かれた当時、このようなヒーローを描いた背景には、狭い専門性よりも幅広い博識に対して、人々が憧れる風潮があったのだと思われる。対して現在のテレビドラマのヒーローは真逆だ。一定の技術・知識を持った、優れた「専門家」が事件を解決する作品が圧倒的に多い。

どうして風潮が変わったのか。「中間」「知的基盤」の消失やブラックボックスの肥大も一因であろうが、じつはもう一つ別の要因がある。かつて明智小五郎のような人材は現実社会にもいた。夏目漱石や森鴎外、南方熊楠、三島由紀夫や司馬遼太郎もその類であっただろう。そして社会のいろんな疑問に対し、彼らならどう考え、どう答えるのかにも、みな興味を持ち、注目もし、羅針盤ともなった。そんな博覧強記の人――その存在がいなくなったのだ。

かわりに「専門家」が鎮座し、これからはＡＩが担う時代となりつつある。

その影響は多岐にわたる。

なんでも揃う百貨店や、幅広いメニューを楽しめるレストランよりも、専門店・専門サイトを好むようになる。

ベテランの店員よりも、ＡＩがカスタマイズしてくれる「おすすめ」のほうが好まれるようになる。

観光でもその傾向は顕著だ。

「ここに来たらこれ！」という「専門性」が高く評価される。大間町の鮪《まぐろ》だとか京都の夏の鱧《はも》だとか……その反面、なんでも美味しい大阪は見劣りがする。そこで、たこ焼きやお好み焼きなどという「専門性」を演出する。

都市力もそうだ。東京は「情報量」を武器に「東京に行かなければ入手できない」という「専門性」を演出する。東京に行かなければ取り残されると地域の企業は東京事務所をつくり、単身赴任などをさせ、挙句の果てには本社機能を東京に移すようになる。誰も東京都心を最適な生活空間だとは考えていないのに、そこに住もうとする。これは都市の複合性よりも、専門性を評価する考え方だと言っていいだろう。

会議のあり方にも「専門」偏重の風潮がある。都市計画の会議は建築の専門家ばかり。文化財の会議は、文学部出身者ばかり。企業の商品開発の会議は技術開発部門ばかり。営業の会議も営業部門ばかり。専門外の異なった人が入らないので無駄な議論がなく、より高度で「専門的」な答えを導き出せるということなのであろうが……結果は予定調和で部分最適に終わってしまう場合が多い。業界内や組織内の言葉が先行し、「中間」で「混ざる」ことをしない。外の人にはわかりにくい、内々の言葉が羅列され、コンテクストが消滅していく。内容は「高度」に感じるかもしれないが、普及する「厚み」がない。

つまり――独りよがりの量産だ。

「専門」とは何なのか。一種の権威である。

大間町の鮪も、「ここの鮪であれば美味しい」という「権威」である。東京の情報についても「権威」である。「権威」に関係する人間はそこに「場」を生み出す。「場」は内と外を生む。「場」の内側ではお互いを守り、外に対しては苛烈になる。

「権威の場の外」――素人と見なす。

「中間」が生きていた時代には、その素人の中にも「専門家」以上の「玄人」「愛好家」「通」「趣味人」がたくさんいた。江戸時代の大坂にはその権化ともいえる木村蒹葭堂《けんかどう》という博識の町人もいた。そういった「中間」が「専門家」と対話をし、商売であれ、科学であれ、政治・経済であれ、食であれ、芸能であれ、それぞれの道を深めていったのだ。

「中間」が消失したいま、「専門家」の提示するものを深めるなどということはしない。大間町に行って鮪をテーマに、四季折々の風や水や空気などの環境の変化といった要素でもって「対話」を重ね、深めていこうとするだろうか。京都の夏の鱧を、さまざまな見地でもって作り手と対話する観光客がいるだろうか。そんなことをすれば作り手の逆鱗に触れるかもしれない。「専門家」で組織する「場」にいる人の目から見れば、その外にいる素人など、どのように扱っても問題はない。そんな意識が働くのだから。

では「場」の外の素人はどう考えるか。

「いちいち議論するのもめんどくさい。金を払っているのはこっちなのだから、きちっとやってくれるだろう。専門家なんだから」

もうおわかりだと思うが、「専門」を高く評価する風潮は、尊敬が根拠にあるわけではない。

アプリと同じように便利なのだ。

「中間」の消失は人間に考える「場」を与えなくなった。考えなくなった人間は情報をインプットし、知的基盤の中で咀嚼《そしゃく》せずに、ブラックボックスをスルーして、与えられたままアウトプットすることに慣れた。「専門家」の便利さは、インプットする前に情報を整理・検討・提示してくれることにある。人々は自分で考えるよりも、「専門家」を通過した情報を鵜呑みにすることに味を占めたのだ。自身を「専門家だ」と自負している人間、あるいはそういった目で高く評価されている人間は、そのレッテルが「奴隷」を意味しているのだと気がつくべきだろう。

本来、人間には多くの力が備わっていた。仮に揉めごとが起きても、備わった知力や感性を駆使して、理解し合うこともできた。「中間」が生きていた時代には、「混ざり合う」ことで互いを受け入れ、「自己」を守りつつもバランスのとれた新陳代謝をおこない、「場」の平衡状態を保ったことであろう。

現代人はそれができなくなった。政治家からテレビのコメンテーターに至るまで、法律関係の人間がどれほど多くなってきたか。人と人の揉めごとを、自分たちで解決の方法を考えることもなく、「専門性」の高い人間に面倒をみてもらう。「法律」という、これまた専門的な見地によって判断してもらう。そんなことに慣れてしまっている。

ものの価値についても同じだ。家に眠る骨董品には、どれほどの金銭的価値があるのか。この判断にも「専門家」がいて、彼らの打ち出す価格に一喜一憂する番組もある。そのものに潜む精神的な価値や、持ち主との精神的なつながり・思い出などはまったく度外視である。深まりなど生まれようもない。

しかし――

この深まりが、意外な方向から急に重要性を増す状況が目の前にきている。

コロナ禍だ。

オンラインと選別

オンライン――コロナ禍における最大の変化はこれにつきる。ＷＥＢ会議やネットショッピングなどオンラインを駆使すれば、たとえば会社にわざわざ集まらなくても、意思疎通は可能になる。そうでなくても情報に関してはすでに下剋上が起き、情報伝達を主な目的とした上司との会議は必要ではなくなっていた。

コロナ禍以前から、会議の大半がすでに適合不全を起こしていた。それに気づきながらなかなか切り替えることをしなかったのは、「めんどくさい」と「まあ、ええんちゃう」のなせる業。そのうちに社会全体がなんとなく「オンラインが主流」ともなれば、勝手にそうなってゆくと思っていた人間も少なくはない。

ところが、新型コロナウイルスの蔓延で、突然オンラインで仕事をこなさざるを得なくなった。ゆるゆる近づいてくると思われた「将来」が、一気に目の前の現実になったのだ。そこから多くの劇的変化が生じつつあるのだが、まずオンライン化が起こす、新たな「必然」について考えてみたい。

オンラインとオフライン

リアルかバーチャルか、ではない

	五感				
	視覚	聴覚	嗅覚	触覚	味覚
オフライン	○	○	◎	◎	◎
オンライン	◎	◎	サポート		

オフライン（リアル）とオンライン（バーチャル）を融合して新たな価値をつくりだす。

オンラインは、主に視覚、そして聴覚に強みを発揮するコミュニケーションである。この二つの感覚は、味覚、嗅覚、触覚などと比べると言語化しやすいものである。つまりオンラインは言語化を前提においたコミュニケーションツールだと言い換えることができる。

また言語は、使用を重ねてゆくうちに、その言葉に触れる人口が増える。時代とともにより多くの人が共有できる意味だけが残ってゆく。その結果、言語は意味の広がりをなくしていくが、情報を正確に伝える力を強めてゆく。よってオンラインは言語の「情報の正確さ」に依拠した、含意の乏しいコミュニケーションと捉えることもできるだろう。まずはこれを前提として押さえておこう。

オンラインは後発の存在である。オフラインが席巻している領域を侵食しなければ、社会に入り込むことができなかった。それゆえ、多くの摩擦も生み出してきた。現在四十歳以上で、幼い頃、家族と夜の食事をするときに、電話も、テレビも介在することが許されなかった経験を持つ人は少なくないだろう。地域によっては対話すら許されないこともあったかもしれない。夕食は家族がその日、最後に顔を合わせる「場」として特別な意味を持っていたのだから。

しかしいまは違う。食事をしながら子供がスマートフォンを触る光景は、ごく一般的なものとなりつつある。これをもって「最近の子供は」と嘆く向きもあるかもしれないが、それまで存在しなかったオンラインが、目下「場」を確保しようとしている現象だと捉えれば、納得できることなのではないだろうか。ともあれ、コロナ禍に入る前は、オフラインとオンラインは、居場所の取り合いという構造の中で摩擦を引き起こしていた。

しかしコロナ禍によってテレワークなどを強制的に行わざるを得なくなり、一気にオンラインは居場所を拡大した。そしていざ使ってみると、世代を超えて多くの人が「便利だ」を感じるようになった。オンラインに対する価値観が変化したのだ。こうなると間違いなく今後はオンラインが普通のことになる。

ただ、オンラインには決定的な弱点がある。それは、どれほど発達しても、残りの三つの感覚＝嗅覚・味覚・触覚を共有することができないということだ。となると、オンラインの進化が進めば進むほど、残りの感覚を必要とするコミュニケーションとの分化が進むことになる。先述の前提に照らし合わせて考えると、「正確さ」だけを求めるならオンラインで十分。しかし含意を感じる必要のあるコミュニケーション――これを「リアル」というならば、「リアル」の必然性も明確になってゆくということだ。

線引きされて「ここは絶対オフライン」と抽出されたものは、五感と知性を駆使しなければ成立しない「場」として先鋭化してゆく。オンラインかオフラインかという単純な選択ではなく、オンライン化が進めば進むほどオフラインの質も高まってゆく。オフラインで「深まり」を追求できない人間は、その「場」に参加することすらできない。さらにはオンラインもオフラインも融合が求められ、総合的に「質」が高くなる。これまでの「めんどくさい」「ええのと違う」が通用したぬるま湯のような状態とは、まったくレベルの違う選別＝能力主義が強いられる可能性が高い。

観の大変革

オンライン化の先に五感と知性を研ぎ澄ませる能力主義が待っているのだとすれば、私たちは何をどう準備したらいいのだろう。日本の知的基盤を生み出す「中間」は、精神的にも、物質的にも、双方においてほぼ消滅している。どうにかして「中間」を取り戻すことができれば良いのだが――。

じつは面白いものがある。

ＬＯＶＯＴというロボットをご存じだろうか。

このロボットは何もしてくれない。持ち主が相手をし、愛してあげないといけないロボットだ。これがいったい何の役に立つのか。仕事の役には立たない。家事の役にも立たない。留守番一つできない。ただ対話を求める存在だ。このロボットの存在を知ったとき、「なるほど、そうか」と膝を叩く思いであった。そう、これは現代技術を駆使した「中間」なのだ。さらにこのロボットは、「中間」に形があることを教えてくれている。それは「○」である。

ＬＯＶＯＴは丸い。目、輪郭、すべてが○で構成されている。日本の家族がまだ大勢の人間で構成されていた時代、ちゃぶ台、食卓は円陣をつくって囲んでいた。それが六人から四人、二人、一人と減ってゆくなかで日本社会の基本構造である○は崩れていった。

「○＝中間」で、家族は対話し、混ざり合い、つながっていた。それを意識するまでもなく普通のことと思っていただけに、一九八三年の森田芳光監督の映画『家族ゲーム』を観たときは衝撃的であった。映画に出てくる家族の食卓のシーン――横一列に並んで四人が食事をする――恐ろしい光景であったが、現代の若人は、違和感を覚えないかもしれない。

ＬＯＶＯＴは、喪失した「○＝中間」の形を思い出させてくれる存在だ。

現代が『家族ゲーム』的だとして――タイトルにも象徴的なものを感じる。この映画が現代・未来への警鐘であったことは間違いない。家族はゲームであってはならないというメッセージだ。それまで家族にあった「中間」は○。対して一直線の食卓は「ゲーム」。この「ゲーム」という言葉に、危険な匂いがある。

最近耳にするようになった言葉に「ゲーム理論」というものがある。簡単に説明すれば、ゲームとはプレーヤー同士が敵対関係になったり、協力関係になったり

LOVOT

GROOVE X社 家庭用ロボット（2019年8月発売）

『家族ゲーム』的な食卓

森田芳光監督作品『家族ゲーム』（1983年公開）の一場面をイラスト化

するものだが、その組み合わせを駆使すれば、参加者全員にとってもっとも望ましい結果を導き出せるのではないか――その方法を数学的に考えるというものだ。ビジネスにおいてはたいへん有効な思考である場合もあるだろう。しかし発想の根幹がゲーム――つまりあらゆる前提が一定のルールによって、切り分けられている。「中間」が介在しない二項対立の連鎖のような世界である。ここからは対症療法的な選択は導き出せるかもしれないが、議論によって深める要素はない。このような理論を振りかざして世の大局を見るのは、いささか乱暴だという気がしてならない。


企業でこんな議論をよくする。

「それはトラブルなのか、プロブレムなのか」

54ページの図を見ていただこう。これは氷山にたとえた図である。

海面に出て見えている部分を問題＝トラブル。見えていない根っこを課題＝プロブレムと呼んでいた。いま議論していることは、トラブルなのか、それともプロブレムなのか。トラブルであれば、その解決にどれほど力を注いでも、対症療

トラブルとプロブレム

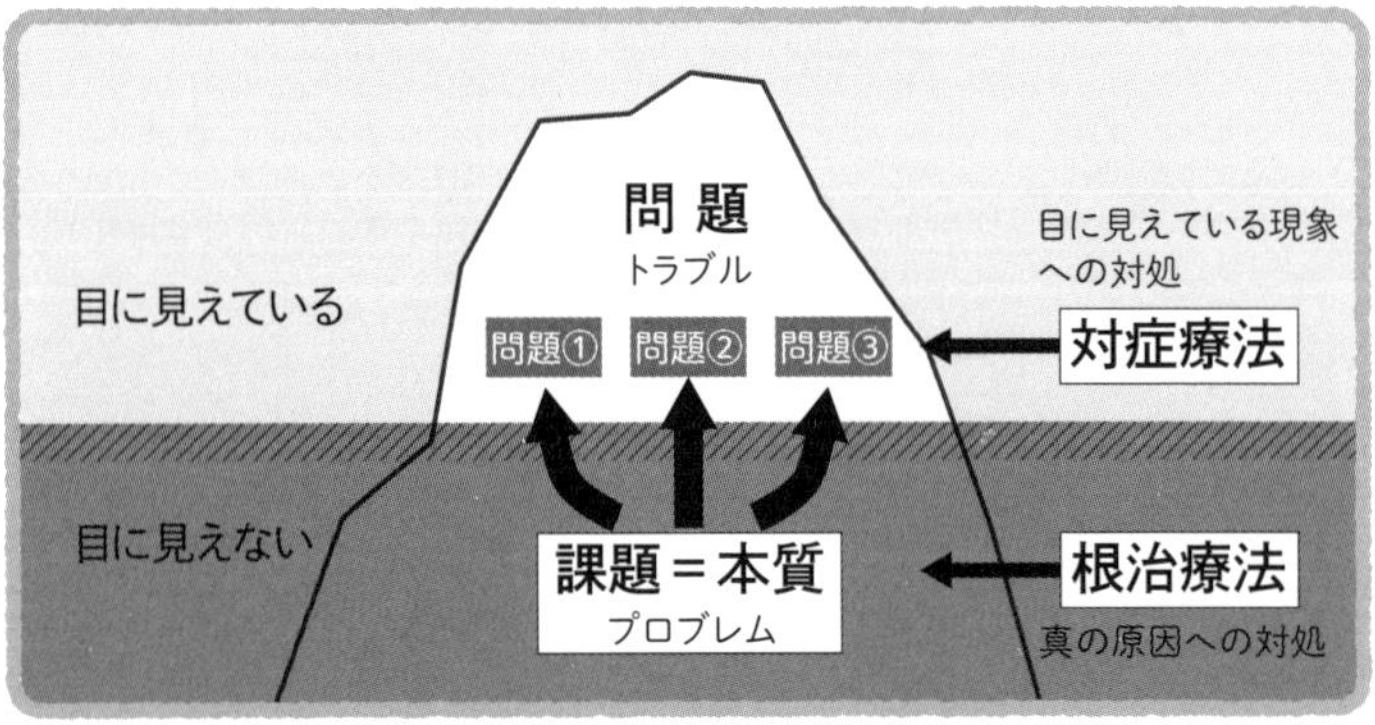

法しか生まれてこない。プロブレムを探し出し、根治療法を施さねば、また同じことを繰り返すことになる。

実例としてこんな話がある。

「近所づきあいをしないようにしよう」と呼びかける町があった。

「子供が心配なので、知らない人に声をかけられたら逃げるように家庭内で教えている」という話がマンションの住民総会で出たことに端を発し、マンション内での挨拶はやめることにしたのだという。

これを聞いて読者は「奇妙」「滑稽」だと感じたはずだ。

何が奇妙・滑稽なのか――。

このマンションの決定が対症療法、モグラ叩き的であったからだ。頭が痛いから頭

「分」の漢字

自分	分別	存分	本分	分限
過分	分際	天分	分別	親分
子分	兄分	客分	身分	大分
分権	当分	半分	節分	持分
分布	分野	分数	養分	約分
分散	分掌	分譲	分担	分配
按分	気分	区分	春分	分解

など

痛薬を飲むというようなものだ。「挨拶をしないように」――その背景・原因となるプロブレムを突き詰めなければ、このように滑稽なことを人間はしてしまうのだ。

この場合のプロブレムとは何であったのか。

「地域の中での世代間の役割分担が、あいまいになったこと」が、その一つではないだろうか。三世代家族が普通だった時代、つまり「中間」が機能していた時代には、祖父母には祖父母としての明確な役割があった。地域の中では「長老」としての役割もあったろう。それがあいまいになると、「長老」は「知らない人」となる。

かつて日本にあった「分」と呼ばれた役割分担を再構築する。

それがこのケースの根治療法ということになったのではないだろうか。

プロブレムは基本、見えないものである。見えないものを感じるためには「中間」という発想がどうしても必要になる。そして「中間」によって育まれた感覚や知的基盤を駆使して「見る」眼力。それを日本人は「観」と言ってきた。世界観、歴史観、価値観、人生観、未来観——いずれも可視化できるものではない。可視化はできないが、「見える」。

何が見えるのか。本質だ。プロブレムの発見も本質へのアプローチだ。世界観や歴史観ならば、時代の「本質」——過去から何が受け継がれてきたのか。そしてそれが未来にどう影響を与えるかが「見える」眼力。文化であれば形だけの継承ではなく、そこに宿る「本質」＝精神的デザインの基礎の何を受け取り、それをどう昇華させるのかが「見える」眼力。それが「観」だ。

オンライン化によって、五感・知性が必要とされる対話の「場」が浮き彫りになってくる。その準備は「中間」への意識にある。

そしてその意識は五感を鋭くさせ、知性を育み、「観」を導くのだ。

3　場の変化

参勤交代の終焉

コロナ禍は、期せずして「濃厚な時間」を私たちに与えた。テレワークを求められ、ステイホームが強要されることで、家族とともにいる機会が増えたからだ。これまで共有したことのない時間のなかで、多くのことを考えさせられた。親子とは何か。家族とは何か。働くとは何か。会社とは何か。学ぶとは何か。地域とは何か。このように根本を問い直す時間をもつことで、社会的価値観は変化してゆくに違いない。とくに「場」の関係を変えてゆくだろう。家族との時間が濃厚になれば、場の意識は会社中心から家中心へとシフトしてゆく。会社の近くに住むよりも、家族とともにいるべき場所に住むことを考えるようになる。移動の形が変わる。都市と郊外・地域、会社・学校と自宅、さらには「第三の場」

との関係が変わってくる。

また、これらの変化をデジタルトランスフォーメーション（ＤＸ）が、後押ししてゆくことだろう。ＤＸとはＩｏＴとＡＩによって、人々の生活をより良い方向に変化させる概念だ。ビジネス的に捉えれば、顧客や市場が劇的に変化しても、クラウドやビックデータを活用して柔軟に対応し、さらには新しい商品やサービスを提供して、顧客や市場の価値を生み出し、自社を優位に立たせる——そんな考え方だ。ＤＸを意識する企業は、いまコロナ禍で起きている場の変化に対し、新しいサービスを提供し、価値を創ろうとする。それが浸透すれば、社会構造が旧に復すことはない。

となれば、会社に行く必要がない。営業先に行く必要がない。学校に行く必要がない。それでも情報はつねに側にある、という状態が「常」となる。

具体的には東京に行く必要がなくなる。かつて企業人は「情報は東京にしかない、東京に行って集めなくてはいけない」と思っていた。さらには行くこと自体や、会うこと自体が目的だった人もいた。たった十五分のアポイントメントのために新幹線・飛行機に乗る。ビジネスにつながりそうな新しい技術に関する講演を聴くために、朝一番の新幹線・飛行機に乗って業界団体の会合へと向かう。情

都市と郊外・地方との関係が変わる

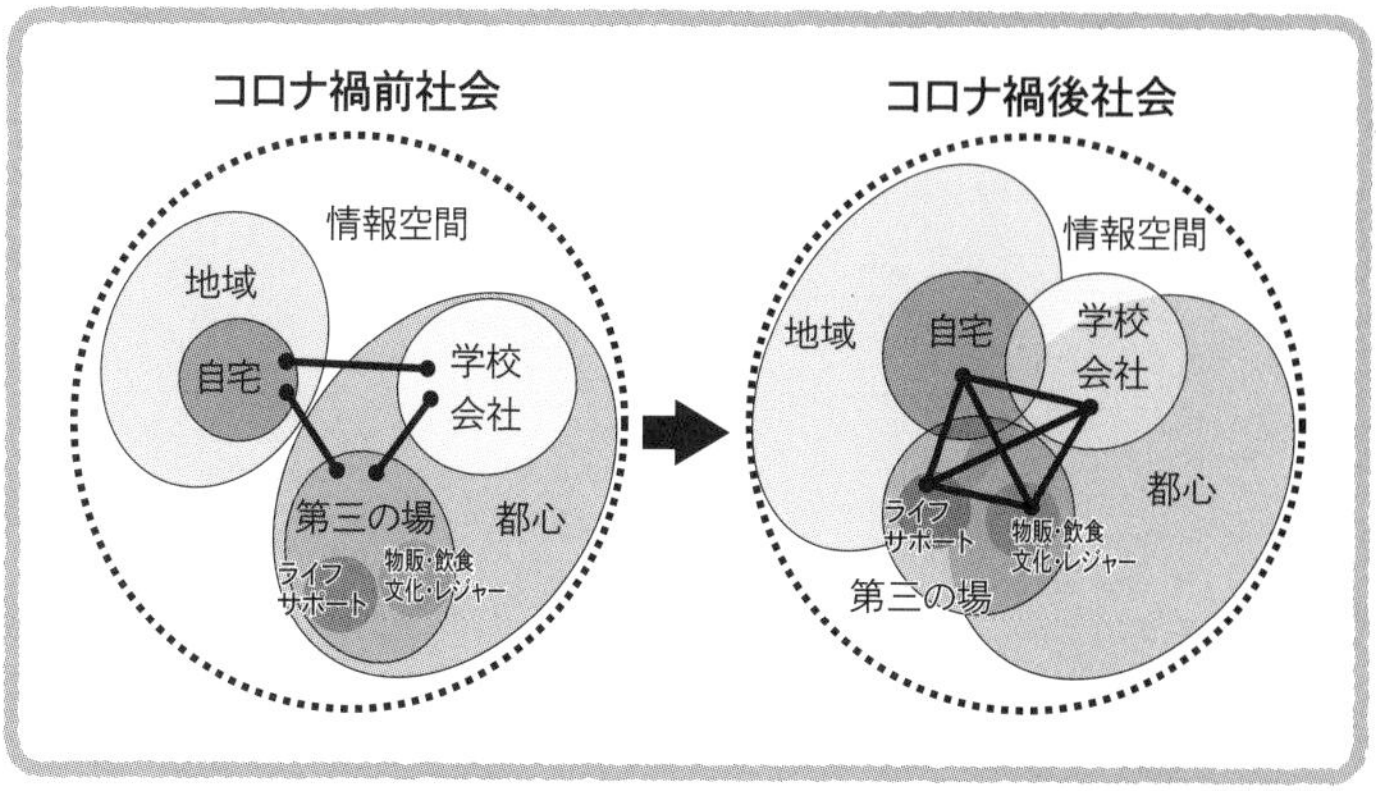

幕府・官僚時代がコロナで終わる

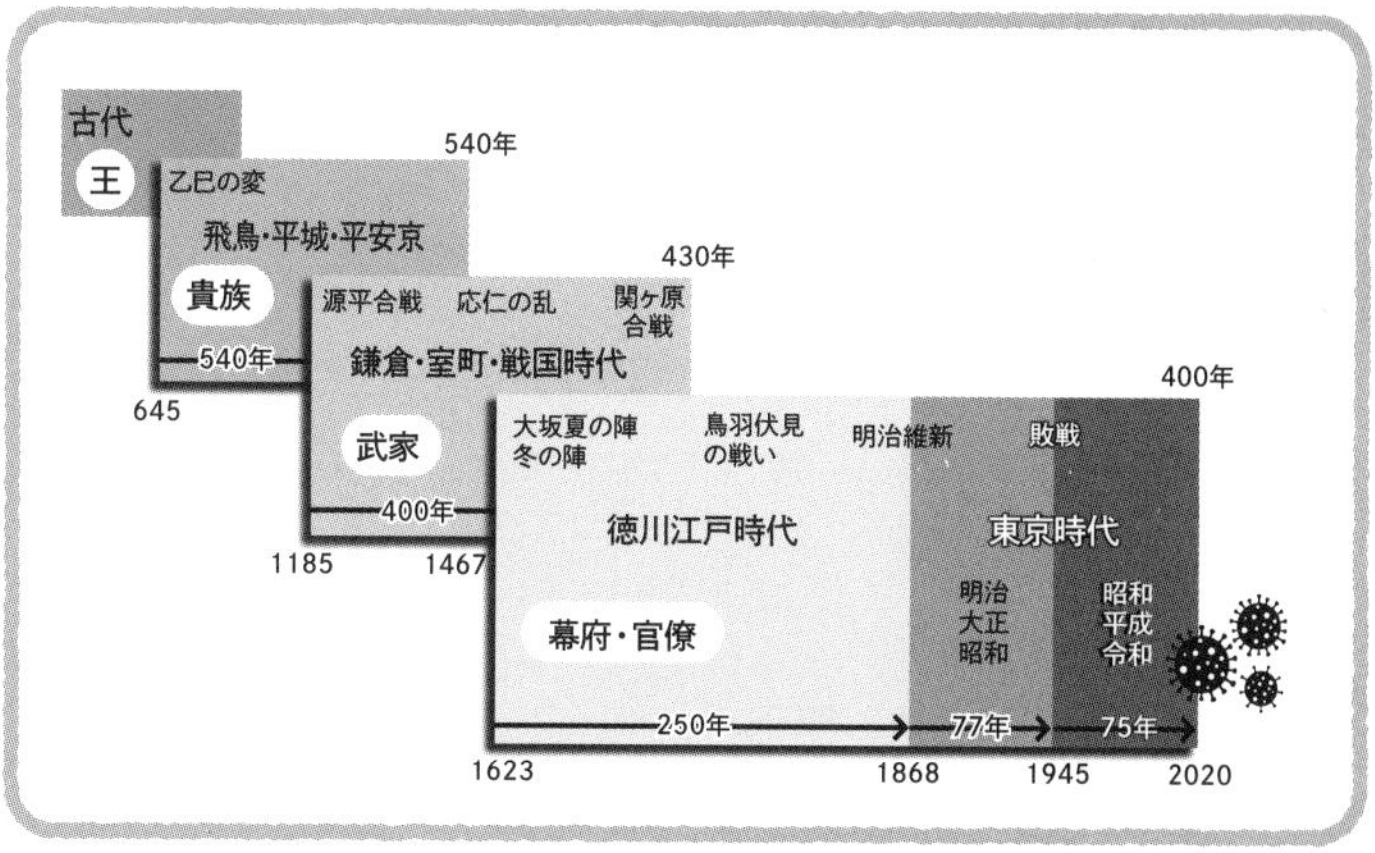

報を持っていそうな人に近づき接待をする。たまに行くだけでは心もとないので、東京に事務所・支社を設けて社員を赴任させる。その必要がなくなったのだ。

これは物理的・心理的の双方にとってたいへんな変化だ。まず物理的な変化について考えてみよう。東京の物理的な優位性は61ページの下の図を見てもらえればわかりやすい。


情報を手に入れるために地方の会社は人件費・交通費・接待費など多くのコストをかける必要があった。まるで江戸時代の参勤交代のシステムのようだった。中央は無傷で、地方が浪費を強いられる。それがオンラインによって、コストが通信インフラの整備程度になる。情報収集の変化に伴って、東京以外の企業の収益構造が劇的に変わるのだ。

心理的な変化はもっと面白い。想像してみよう。もし江戸時代の参勤交代がオンライン化したら——幕府のほうが「本当にあいつら謀反《むほん》を企んでないよな？」と疑心暗鬼になって、コストをかけてでも隠密の数を増やし、あるいは幕府からの視察団を藩に向かわせたかもしれない。

なぜか——。

コロナ禍は大断層（リセット）

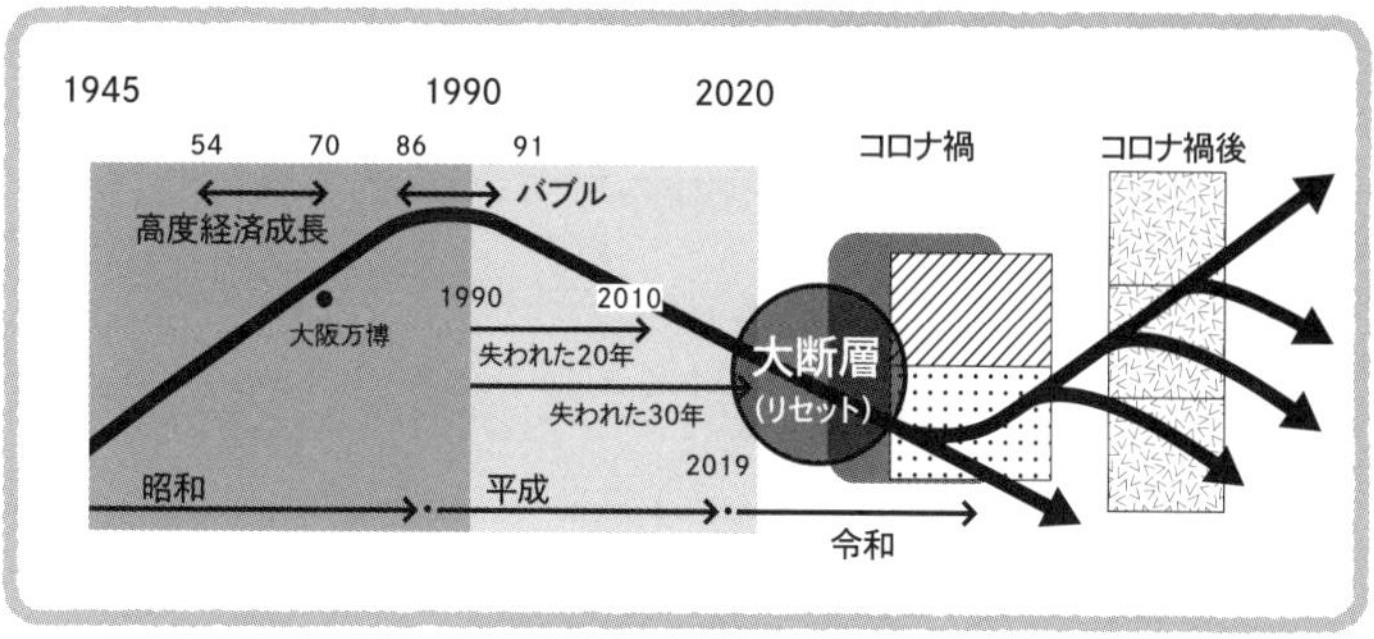

情報収集の構造変化に伴う収益変化

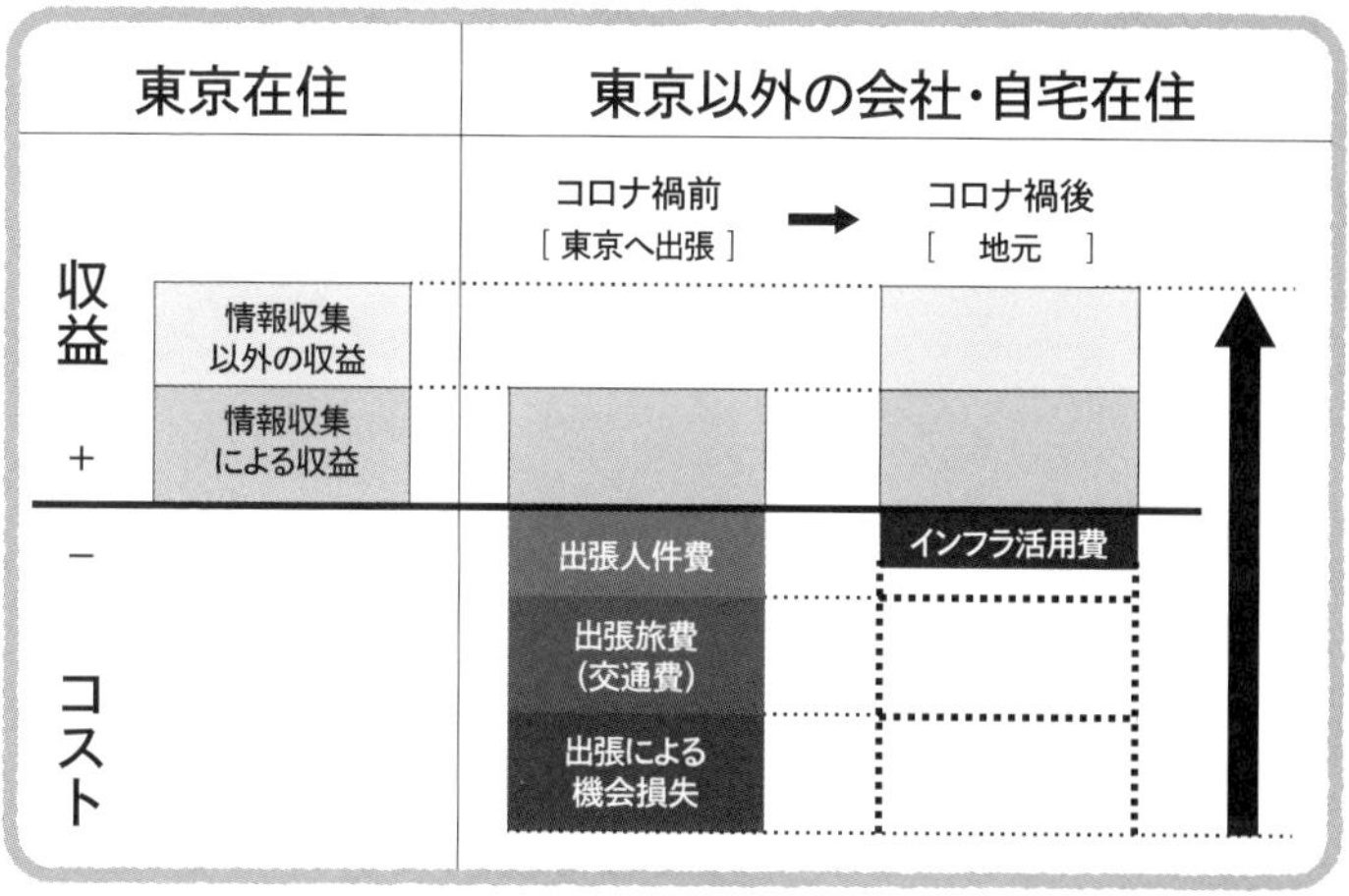

コロナ禍で情報収集革命が起きている

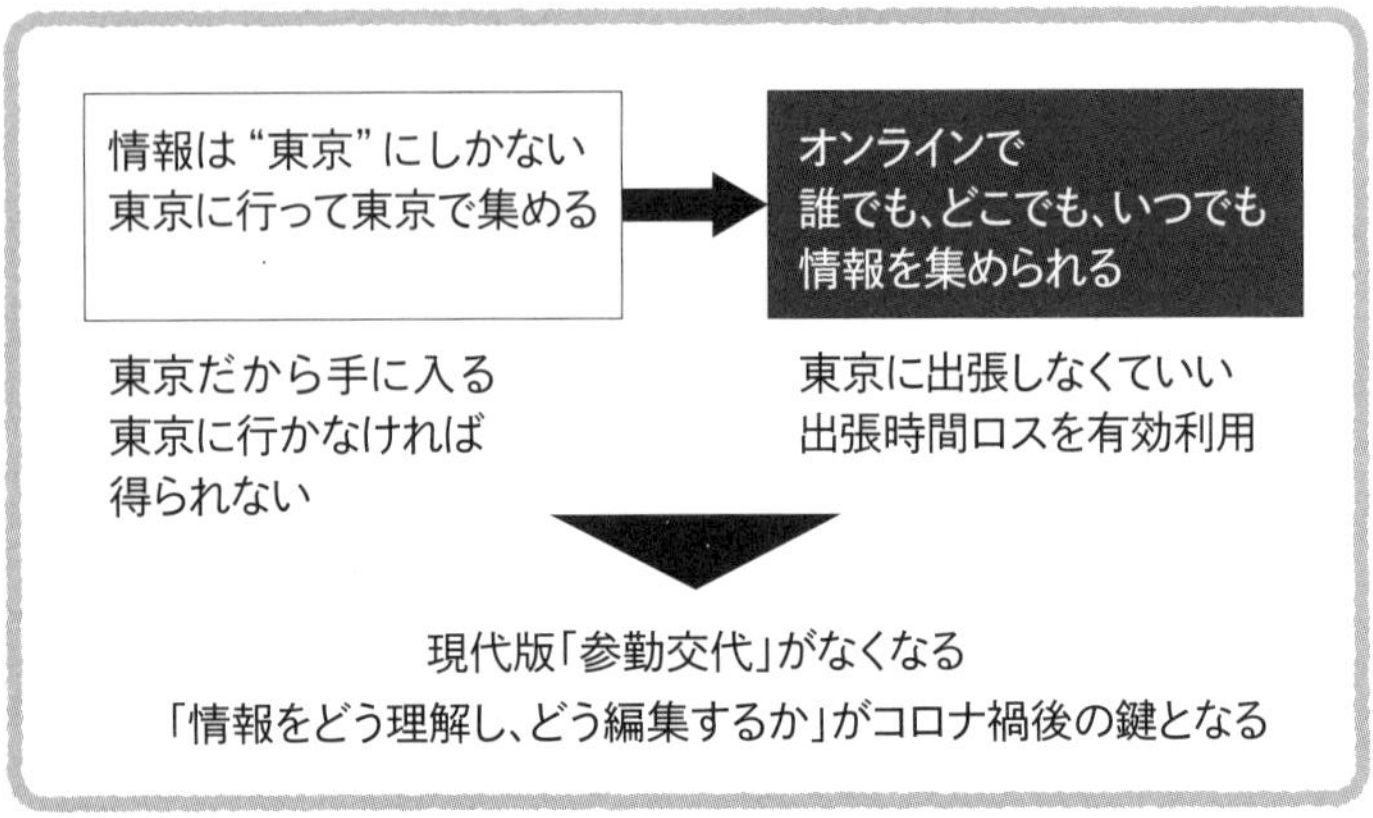
情報は“東京”にしかない
東京に行って東京で集める
オンラインで
誰でも、どこでも、いつでも
情報を集められる
東京だから手に入る
東京に行かなければ
得られない
東京に出張しなくていい
出張時間ロスを有効利用
現代版「参勤交代」がなくなる
「情報をどう理解し、どう編集するか」がコロナ禍後の鍵となる

情報を「持つ者」と「持たない者」という格差がなくなれば、次はその情報をどのように分析し、理解し、編集するのかが問われることになるからだ。その能力は中央も地方も人材次第。諸藩が注意するのは幕府の動きのみ。一方幕府は多くの藩の状況を把握・監視せねばならなくなり、洪水のように入ってくる情報を編集する優れた人材がいなければ、あっというまに混乱し、それを解消するのにコストを大幅に増やさざるを得なくなる。

　幕府の「もし」では現実味がないかもしれないが、実際の東京をシミュレーションしても同じことだ。東京は情報が集まる「専門」都市だった。これまで東京が全国の人を吸収したというよりも、情報を求めて多くの人が地方から勝手にやって来た。そして情報を得るために、仲良くなるために人間関係をつくろうとしてきた。コミュニケーションの上でも、東京のビジネスマンがちやほやされる場面が多かった。ところが、誰も来なくなった。自分の持っている情報など、欲しいと思われなくなった。急に梯子《はしご》を外された人間は極端に不安になる。そしてこんなふうに考える。

「東京に居るだけでは、何もわからなくなる。外に出ないと」

東京の行政も企業も、今後は地方へ出張し、出先機関を設けるコストが必要になる可能性がある。さらに幕府のシミュレーションとの違いは、新型コロナウイルスの存在だ。このウイルスは「集中することへのリスク」「都市にいるリスク」を顕在化させた。首都としての権威は、首都と接触することへのリスクに変化したのだ。だから余計に人はやってこない。場合によっては地方も、首都からの人の流入に制限をかけるかもしれない。「専門」「権威」によって担ぎ上げられてきた人の中には、テレビやネットなどで「コロナなんてたいしたことない。コロナが収束したらもとに戻る」と言う者もいる。しかし、それは彼らの願望にすぎない。中心都市としての東京は、オンライン化が進むことにメリットを見出せないので、これまで本格的にその進化・発展に力を注いでこなかった。おそらくこれからもその姿勢は変わらないのではないだろうか。

しかし、「もとに戻らない」ことは、みなすでに判《わか》っている。でなければ「コロナ禍」と、わざわざもとに戻らないことを暗示する「禍」という字を使ったりはしなかったはずだ。

営業の変質

「そんなこと言うても。営業はやっぱり人間関係ですよ」

そう考えている人も依然多いだろう。とくに営業の最前線で活躍していた人には、この信念が強い。直接会って、人としての信頼関係を構築して——たしかに正しいものの見方であると思う。ではそもそも人と人とが会う営業がなぜ主流になり得たのか。交通インフラが整い、簡単に遠方の人と会うことが可能になったからだ。直接会うことによって、抜群の営業トークや、人間性を感じさせる「気遣い」「心遣い」といったパーソナルな魅力を武器として使えるようになった。この武器を使うことが最上の策であり、このようにして生まれる信頼関係が絶対的に正しいのであれば、いつの時代も「人と会う営業」が憧れとなり、それにまつわる美談だって残っているはずだ。法人営業と比較できる歴史上の交渉シーンといえば、大店と大店、大店と国、幕府と国、国と寺社、寺社と朝廷、朝廷と異国などといったところか。はたしてどんな美談が残っているのか。

「武田塩」というエピソードがある。甲斐の武田家が強大化してゆくことに危機感を覚えた隣国の大名たちが、同盟を組んで甲斐との塩の取引を全面停止した。甲斐は海に面していない。さすがの武田家もこれには困った。それを知った越後の上杉謙信は、戦場での決着こそが本望と、「越後からいくらでも塩を買えばいい。高値にしないよう商人に命じておく」と申し出たという物語だ。武田信玄と上杉謙信は川中島で死闘を繰り返してきたライバルである。現代風にいえば国交断絶している二国である。謙信も信玄も戦場でしか顔を合わさない。双方とも多くの部下を殺された恨みもある。しかし二人の間に信頼関係があったという美談だ。

こんな話もある。同じく戦国時代の物語だ。美濃の斎藤道三と尾張の織田信長の聖徳寺での会見。道三は娘を嫁がせた織田の当主の資質を知ろうと信長と会った。凡人であればいずれ滅ぼしてやろうとも思っていた。しかしその席上、二人はお互い知らぬ顔を続ける。見かねた信長の家臣が「こちらが斎藤道三です」と信長に伝え、信長はようやく「であるか」と一言。道三に挨拶をした。その後は湯漬けを食べて、盃を交わして別れたという。この対面以降、二人は強固な同盟を結んでゆく。道三が息子に攻められたとき、それを救おうと信長は出陣したという後日談まで描かれている美談だ。

いずれもフィクションだが、あえて美談として描く背景には、このような信頼関係への憧れがあったはずである。多くを語り合ったわけでもない。直接接触した機会が多かったわけでもない。しかしそこには確固とした信頼関係が構築されていた。それこそが「上質」だという意識があったのであろう。もしパーソナルな魅力が「最上の武器」であるという意識があったなら、甲斐と越後、美濃と尾張の二国間の美談も、担当者による「気遣い」「心遣い」や接待三昧が同盟関係を保ったという物語が描かれたことだろう。もちろん「太閤記」にはそんな美談が存在するが、それは豊臣秀吉の出世話であって、これはどこまでも個人営業（B to C）が拡大してゆくところに魅力のある「違う種類」の物語だ。

さて、戦国時代の大名間交渉の要諦＝彼らにとっての課題とはなんであったのだろうか。細かく論じれば千差万別であろうが、大局で見れば「新しい国の運営とは何か」であったろう。その前提には、社会的な価値の変化が起きていたことが挙げられる。民衆の経済状況・行動様式・価値観などが急速に変化したため、それまでの支配体制が適合不全を起こし、戦国大名たちが次の時代を模索していたことは事実だろう。上杉謙信と武田信玄は領土問題でぶつかっていたものの、「新しい国の運営」に対する基本的な考え方はよく似ていたのではないか。また斎藤道三と織田信長の関係も同様であったろう。物語における彼らの信頼は、社会的価値の創造における方針の一致にあったのだ。

法人営業（B　to　B）でも同じだ。利益以上に、双方が抱える社会的課題について解決し合うということが問われる。その答えを導き出すために情報収集が必要になる。直接会って親しくなればたしかに情報は引き出しやすくなる。しかしそれは一つの手段であって、あくまでも目的は情報を収集し、編集して社会的価値を創造し得る提案へと昇華することだ。

「営業はやっぱり人間関係です」

そういって名刺収集を成果であるかのように吹聴する人がいるが、コロナ禍はその適合不全を浮き彫りにするに違いない。

パーソナルな要素自体がオンライン化のなかで、根拠を失うかもしれない。

さきほどオンラインは言語の「情報の正確さ」に依拠した、含意の乏しいコミュニケーションだといったが、それが多用され進化してゆけば、この基本コンセプトも純度を上げてゆくことになるだろう。たとえばオンラインミーティングで顔を見せ合う行為。それが「正確さ」の邪魔になる「含意」だと認識されれば、削除されてゆくのではないだろうか。

具体的にいえば、オンラインミーティングで顔を見せれば、それが誰の意見であるのかを示すことになる。「誰」という要素――社長や上司。あるいは男性か女性か。新入社員か古参か。言語の示す内容の正確さを考えるならば、内容以外に言葉の重みを左右する要素は邪魔になる。フラットに話し合いをしたいのに、結局社長の意見だからみなが頷《うなず》くのであれば、内容よりも「社長」という要素が盛り込まれた言葉が力を持つことになる。これではどれほど情報の編集能力を鍛え、社会的価値を創造し得る提案をつくりあげたとしても、自社・他社双方でフラットな議論が望めないことになる。

この問題をクリアしてくれそうなのがアバターの利用だ。アバターを使うことでどんな立場の、どんな人が話しているのかが見えなくなる。性別、キャリアなどが影響しない実力本位の会議が可能になる。コロナ禍で社会の価値観が一気に変わるなか、アバターの利用も急速に一般化するのではないだろうか。

オンラインが普通になるということは、「内容の正確さ」にもとづく議論がシビアに求められるということになる。アバターの利用の他に、どのような選択がなされるにしても、この方向は変わらないだろう。よりいっそう編集能力が問われる時代となる。人間関係を構築することに時間をかけるよりも、情報を編集する能力を鍛えるほうがよいだろう。これこそが今後の「正しいものの見方」である。

では編集能力をどのようにして鍛えるのか。

最短の方法は「そもそも」に対する学びの姿勢だ。過去を学び、歴史・事例を蓄積し、知的基盤＝プラットフォームを構築することだ。そうすることで類推（アナロジー）する編集能力を手に入れることができる。まずはこれが肝要だ。

もう一つは多様な文化に接することだ。目的（出口）を持って異なるものに触れ、対話し考える。海外の成長企業のＣＥＯは美術学校に通っているという。それは彼らも同じ問題にぶつかっているからなのだろう。私たち日本のビジネスマンも、この学びを敢行するべきときが来ているのだ。

しかし美術学校に行くというのも、かなりアナクロな発想だ。文化に対する議論もアバターの効果を使って対話・思考し深めるのはどうだろう。初心者・愛好家・専門家の枠を超え、自由に対話することによって「観」が養われるのではないだろうか。

アバターの効果は大きい。

あらゆる場所に率先して取り入れていくべきだと思う。とくに日本人にはその素地がある。能面というアバターを、五百年前に完成させているのだから。

内面のリアルとバーチャル

アバターの効果などをシミュレーションすれば、オンライン化は自分の中にも二つの局面を生む可能性があることが見えてくる。つまり内面のリアルとバーチャルだ。オンライン化の進化はリアルとの距離を生む。これは物理的なものだけでなく、人間の内面にも同様の変化を与える。アバターを多用する時代になれば、アバターとして語る自分と、リアルの自分との間にも距離が生まれる。この構造は近年日本のコミックで描かれる「異世界」「パラレルワールド」などに主人公が入り込み、特殊な能力を手に入れて活躍するといったストーリーにも表れているとおり、現代人の願望の一つでもあろう。だから放っておいても浸透し進化・深化してゆく。

ただそうなるとリアルで消化できなかった願望を含め、多くの要素をアバターとしての自分が処理してゆく。気がつくとリアルの自分の周りには、アバターでも処理できなかった喜怒哀楽が濃度・純度を上げて累積されていることになる。その重みに一人で耐えられなくなるときもあるだろう。このリスクを支えるという役割を、オフラインが担うことになる。具体的には家族や地域に新たな役割が生まれるということだ。

場の変化は、新しい役割を与えられることで、地域・家庭の意味を根底から変えてゆく。ただ問題は、重みを増していく「自己」を支えるだけの精神的な体力が、地域・家庭にあるのかどうかだ。もしそれだけの体力が整わないうちに、オンライン化・アバターの多様化などが進展すれば、重みを増した「自己」が次々と増殖し、成長し、家族・地域が悲鳴をあげ、離婚・家庭崩壊・自殺などが多発することにもなりかねない。

とくに女性の場合――。

適合不全を起こしている「妻かくありき」「母かくありき」「女かくありき」といった過去の取り決めに、過剰適合を引き起こしている女性がいたとしよう。そこに重みを増した夫が常駐する。彼女は夫をなんとか支えようとするだろう。このような「よき妻」と高く評価される女性ほど、精神を病む可能性は高くなる。コロナ禍のなかで急速に進むオンライン化のスピードを上回る速度で、地域・家庭の精神環境のフォローを考えなくてはならない。ではどうすれば良いのか。

ここでもトラブルを恐れてプロブレムを見失えば、対症療法に陥る。この場合「精神を病む」はトラブルである。プロブレムは何か――オフラインの体力。つまり家族・地域の精神的強度がどのように形成され、どのように育まれたのかを考え、それをより強固なものにするためには、どのような要素を新たに注入しなければいけないのか。それを考えることが根治療法となる。

キーとなるのは文化である。

オフラインを「生活する地域」と限定して考えてみよう。オフラインは風土・

風土・感性・文化の循環

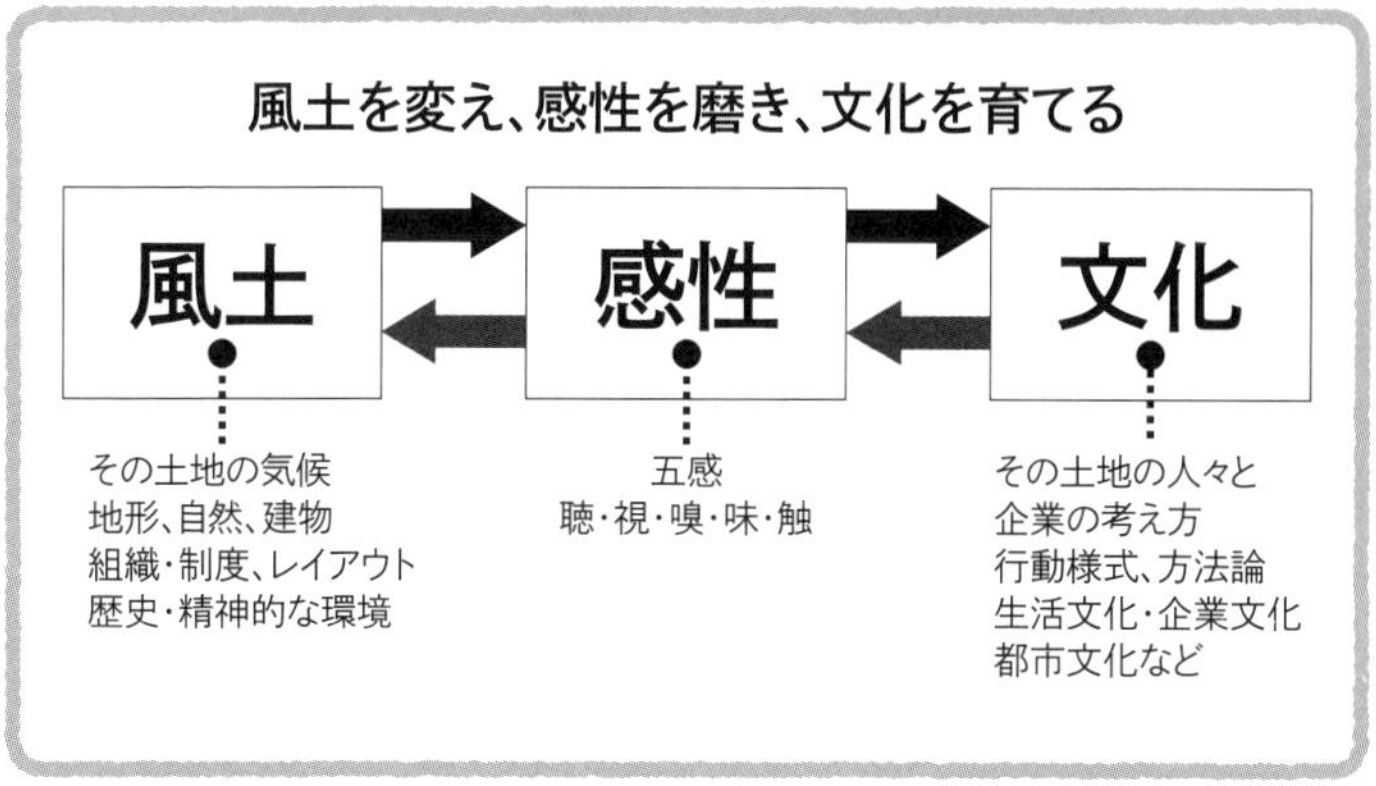

感性・文化が影響を与えながら循環を続けることで成長してきた。オンラインの普及によって含意のない正確な言語に重点が置かれることに慣れた人間は、五感を駆使することが苦手になる。オフラインの要素のうち風土や感性など言語化しにくいところに何かを注入しても、なかなか人は反応できない。この循環に注入するとすれば文化。とりわけ言語的な文化ということになるだろう。古来人はなぜ、その土地その土地の物語を残してきたのだろうか。本質や文脈といったものは、情報として残してもうまくこの循環に入らず、広く人に伝わらなかったのだろう。論説的な文章で書き記しても、単語の伝える情報が時代によって異なるの

で、かえって誤解を招いてしまう。それよりも記憶に残る簡単な物語に本質・文脈を忍ばせれば、感覚として伝えることができたのだろう。

であれば、アーティストが、適合不全を起こしている過去の取り決めを払いのけ、本質を射抜いた新しいストーリーを描くこと。その物語の刺激によって、人々の考え方を大きく変えることなどが、地域・家庭に対するフォローとして有効なのではないだろうか。

「そんな簡単に人の考え方が変わるのか」と疑問に思う向きもあろうが、それは物語あるいは文化活動全般に対する侮りである。戦後の日本人は、文化に対して侮る傾向がある。たとえば漫画・アニメがそうだ。海外が高く評価するようになってようやくクール・ジャパンなどという標語を掲げて持ち上げるようになったが、それまでは「たかが漫画だろ?」と馬鹿にしていた。その癖はまだ治ってはいない。持ち上げるのも海外で評価されるからであって、仮にそれがなくなればあっさり捨ててしまうだろう。それが証拠に、ビジネスマンが文化論として真剣に漫画を語る姿を目にする機会は少ない。漫画原作のテレビドラマを見ても本質を掴んでいない台本がほとんどだ。子供たちがテレビから離れるのも無理はない。テレビに魅力がないのは、本気で心に刺激を与える物語をつくろうとしていないから――いや、そんなことが物語にできるという発想を、馬鹿にしているからなのではないだろうか。もしそんな思いがあるのなら、襟を正すべきだ。二〇〇〇年に愛知県豊川市で起きた男子高校生による老女殺人事件の動機。それが一冊の漫画にあったことを忘れるべきではない。

また、最近の例としては『鬼滅の刃』という作品が人気を博している。この漫画は、年代によって捉え方が変わるという。高い年齢層――といっても、四十代以降であるが、彼らがこの作品に触れると「いったい、この漫画の何が惹きつけているのだろう。魅力がわからない」という人もいるそうだ。他の作品の焼き直しのようにも感じ、要するに目新しくないのだとか。ところが子供たちは夢中になっている。少なくとも子供にとっては「目新しい」のだ。

鬼となった人間が、そうなる前の愛の問題――その悲しみや温かさは、年齢層が高くなれば「どこにでもある話」に聞こえ、子供たちには「目新しく」見えるのであれば――大人が気づかぬうちに、日常からなくなっているもの、それも途《と》轍《てつ》もなく大事なものの喪失が、「ある」ということにならないか。

この子供たちからの声を、己に照らし合わせることで、精神環境は変化してゆくだろう。

文化の力を侮ってはいけない。

物語はリアルとバーチャルの深化を受け入れるための「中間」として作用する。多くの人を救う即効性の高い薬となると私は信じている。

ただ——もう一つ、もっと身近な方法がある。これは妻を持つ一人のビジネスマンとしての発想だが、もし「場」の基礎を自宅に置くことになるのならば、そしてそれまで家事をいっさいやってこなかったという男性であれば、ぜひとも奥さんに任せていた家事を、率先してやってみてほしい。それも「手伝う」などというレベルではなく、己の仕事として。

玄関掃除、トイレ掃除、風呂掃除、炊事、洗濯、洗い物——これらを自分のこととして、きちっとやってみる。最初の二、三日は余裕かもしれないが、これが日常になってくるとけっこうきつい。「急ぎでやらなきゃならない仕事があるんだ！」と放ってしまいそうになる。でも我慢してきちっとやる。きちっとやるとは、五感を働かせてやるということだ。そうすることで感じることがあるはずだ。食器の使われ方や洗われ方。シンク周りの汚れ。そこに奥さんが立って何を見、何を感じてきたのか。痕跡は山ほどある。それらときちっと「対話」をしてゆけば、家庭から消え去ったはずの「中間」が眠っていることに気がつく。

——本当に彼女はこういったことが得意だったんだろうか。もしそうじゃなかったとすれば……最初は背伸びをしてやったことばかりのはず。男が背伸びをしてやった仕事は、褒められてこそ報われるが、彼女の場合、それに気づく人もなく、ただ「普通のこと」になってしまったのではないか……。

家事の「対話」からこんな思いが浮かんだとしたら、もうそれは一つのストーリーであり、それを人に話す、あるいは妻に直接「ごめんね」と言えば対話になり、「文化」となる。その「文化」の効用については——もう話すまでもないだろう。

4　時間の変化

対価と時間の分離

コロナ禍に伴うオンライン化が与えるもう一つの変化は「時間」である。単純に考えてみよう。これまで多くのビジネスマンは毎日出社していた。通勤に一時間三十分を要していた人は、その拘束を受けなくなる。合計三時間が自分の自由になる。それまで午前六時に起きて午前一時に寝ていたとして、八時間労働に通勤三時間、その後の飲み会などを仮に二時間追加したとすれば、自分の自由になる時間は六時間。それが一気に十一時間になる。約二倍になる。

それだけではない。アインシュタインが証明したとおり、「時間」は絶対的ではない。じっとしているほうが時間は速く進み、動いているほうがゆっくり流れ

テレワークによるタイムラインの変化

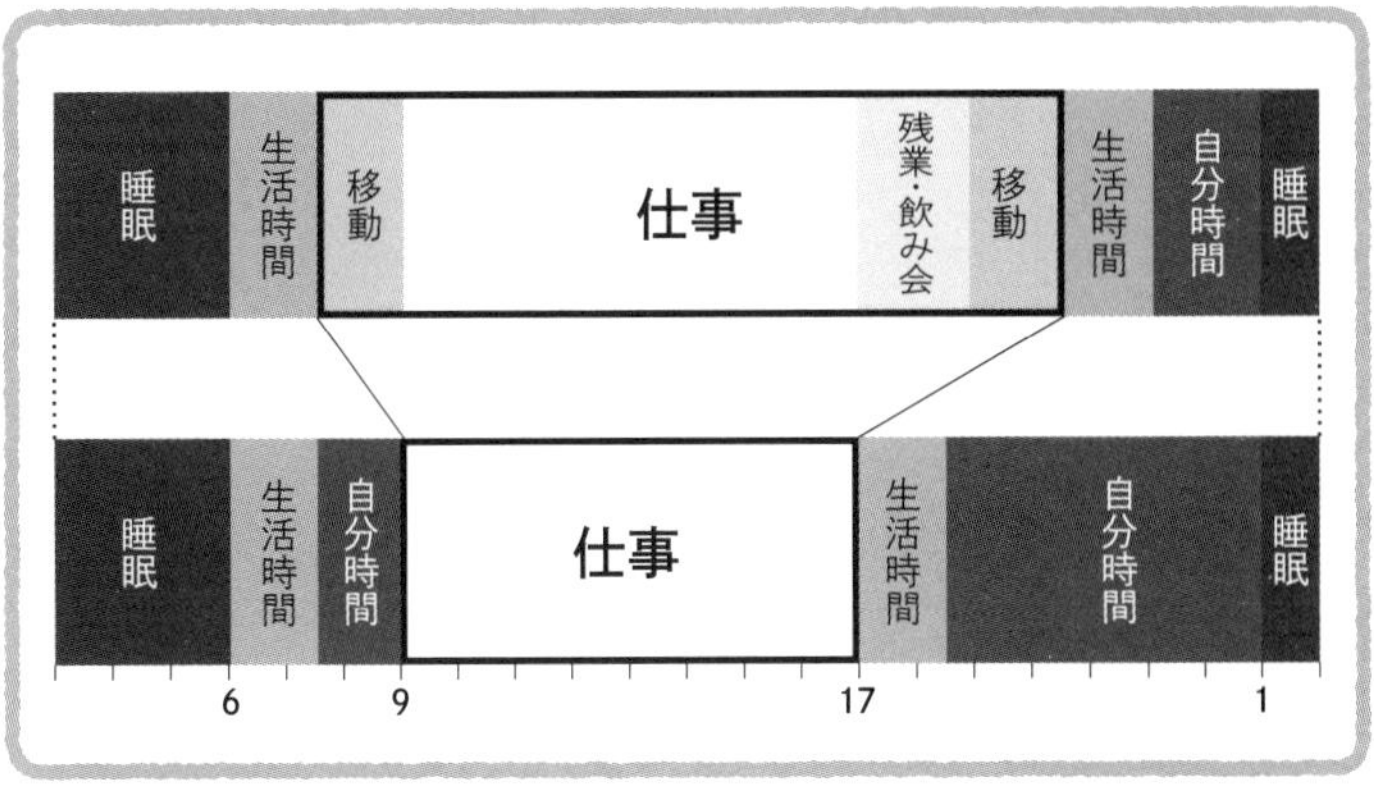

る。飛行機の時間と地上の時間を測定すれば、地上に置かれた時計のほうが速く進む。つまり動く人間は未熟なままで、時計の刻む速度が遅くなる。そうすると結果的に「考える時間」も漫然と進み、質を落としてゆく。

江戸時代に十四日かけて歩いた江戸日本橋から京都三条までの東海道が、いまや新幹線で二時間半。リニアモーターカーともなれば一時間を切る。情報を求めてとにかく東京へ向かっていたビジネスマンは、江戸時代と比べても大幅に「考える時間」の質を落としていたことになる。ということは、オンライン化によって、約二倍になった自分の時間は、「考える時間」としてもその質を高めることになる。これは劇的な変化である。各人が自己を鍛錬し、「観」を覚醒させるチャンスが増大したのだ。「観」を得、時空間を見極め、人と社会を見極め、愛を見極める。人生そのものの意味を、根底から変える可能性に満ちている。精神的な環境はまさに、革命ともいえる変化をみせているのだ。

同時に「仕事≠時間チャージ（拘束）」という構図が生まれる。これは働き手にとって深刻な問題を引き起こす。当たり前のことだが、きちっと仕事をしなければ対価がもらえないからだ。日本では「場」の平衡状態を保つという倫理観が働いている。そのために人事も、個人によって大きく異なる才能ではなく、誰にでも平等に処理できる経年＝時間が昇進の決め手となってきた。年功序列は平衡状態を保つ必須のシステムであったといえるだろう。しかし、その時間が仕事と切り離される。評価に時間チャージが加味されないとなると、必然的に仕事は「質・内容」で評価されることになる。誰にでも平等に与えられていた時間ではなく、人によって異なる才能・技術といったものが軸となる。要はできるかできないか。それだけだ。仕事を時間チャージと結びつけて理解してきた人間にとっては、これほど深刻な問題はないだろう。

さらにもう一つ重要な点がある。才能・技術への評価は仕事によって変動するということだ。自分に合う仕事と合わない仕事が生まれてくる。自己の評価を高めるのなら、合う仕事を選んでいくのが合理的だ。であれば、一つの会社の中に身を置き、その会社内の、限られた仕事の中から、比較的自分に合いそうな仕事を選択する「消極策」や、人事によって勝手に与えられた「合うのか合わないのかはっきりしない」仕事に応え続けるのは無駄だと考えるようになる。自分に合った仕事、それを高く評価してくれる人々と連携する分散型ワークが理想的になってゆく。このような社会的な価値観の変化は、都市・行政にも大きな変革を求める。人が集まることよりも、自分の能力が発揮できる都市の選択をするからだ。この価値観の変化に対応できず、多くの人から必然性を感じられなくなった都市は、それが首都であろうと、伝統的な都市であろうと、地域であろうと関係なく忘却されることになる。

構造の変化

時間の変化——これが与える価値観への影響は、場よりももっとインパクトが強い。

そもそも人間は「時」を離れて生きることができない。「時」には過去から未来へという一貫した流れがある。その流れから離れることを、想像するなど至難の業だ。たとえて言うならば、時という川の中に泳ぐ魚。時の外に引っ張り出されれば、動けなくなってしまう。それが人間という生き物だ。

水質が変われば生きる魚も変わる。魚が変われば生態も変わる。水質を変えるのは環境だが、人間の「時」の質・配分を変えるのは価値観だ。「時」をどのように見るのか。それが変われば人間の生態が変わる。かつてほど動かないことで「時」がスムーズに流れ、考える時間の質が高くなれば価値観は変化する。その変化は生活や行動様式を変えてゆく。それらを支える技術革新が進み、都市・地域も産業も経済も変化してゆくことになる。この流れを頭に置いて、これまでの、たとえば行政の掲げてきた問題提起のあり方を見直すと気づくことがある。


「都市・地域をどうするか」

「産業をどうするか」

「経済をどうするか」

コロナ禍による変化の構造

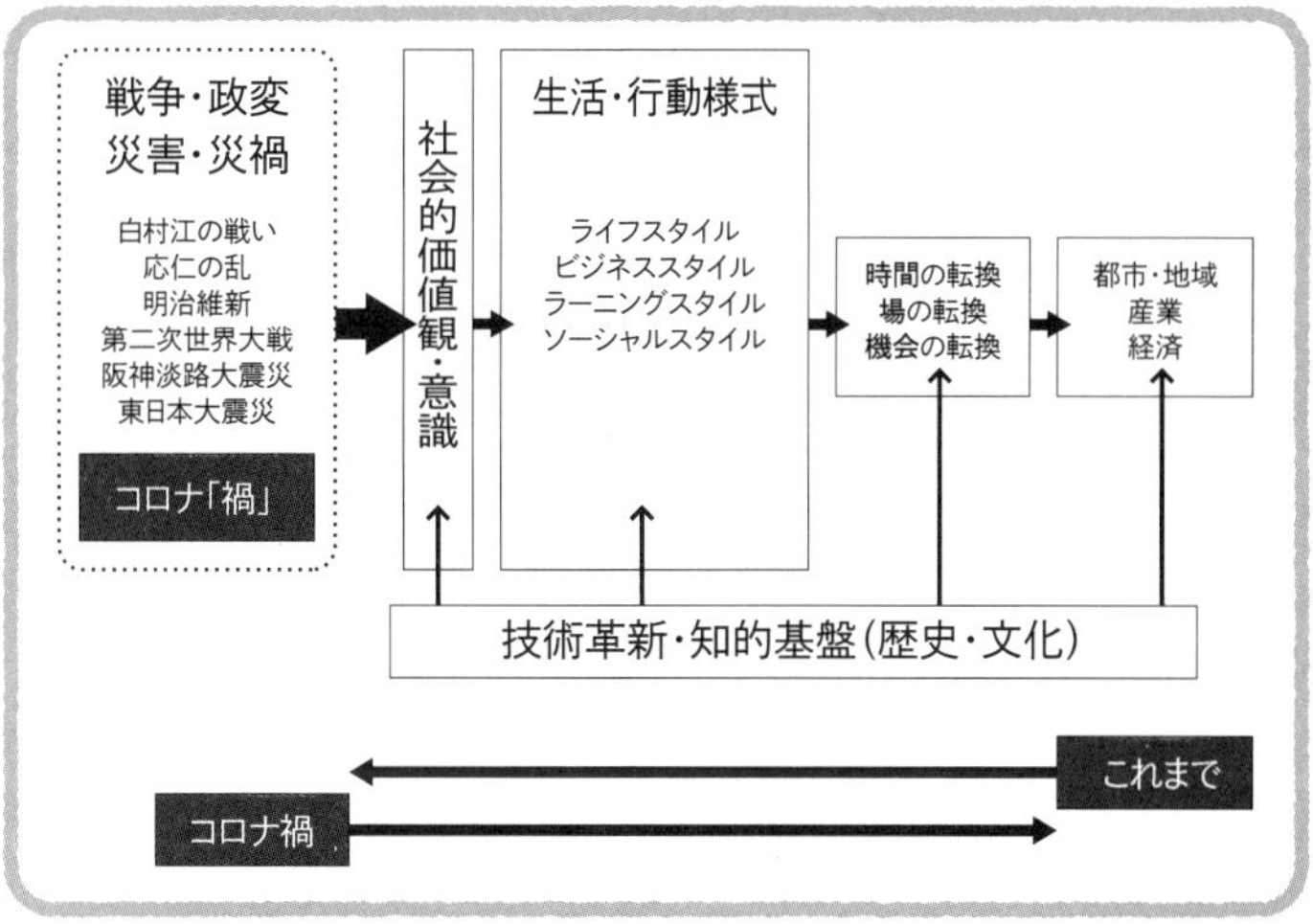

都市と地域の構造変化

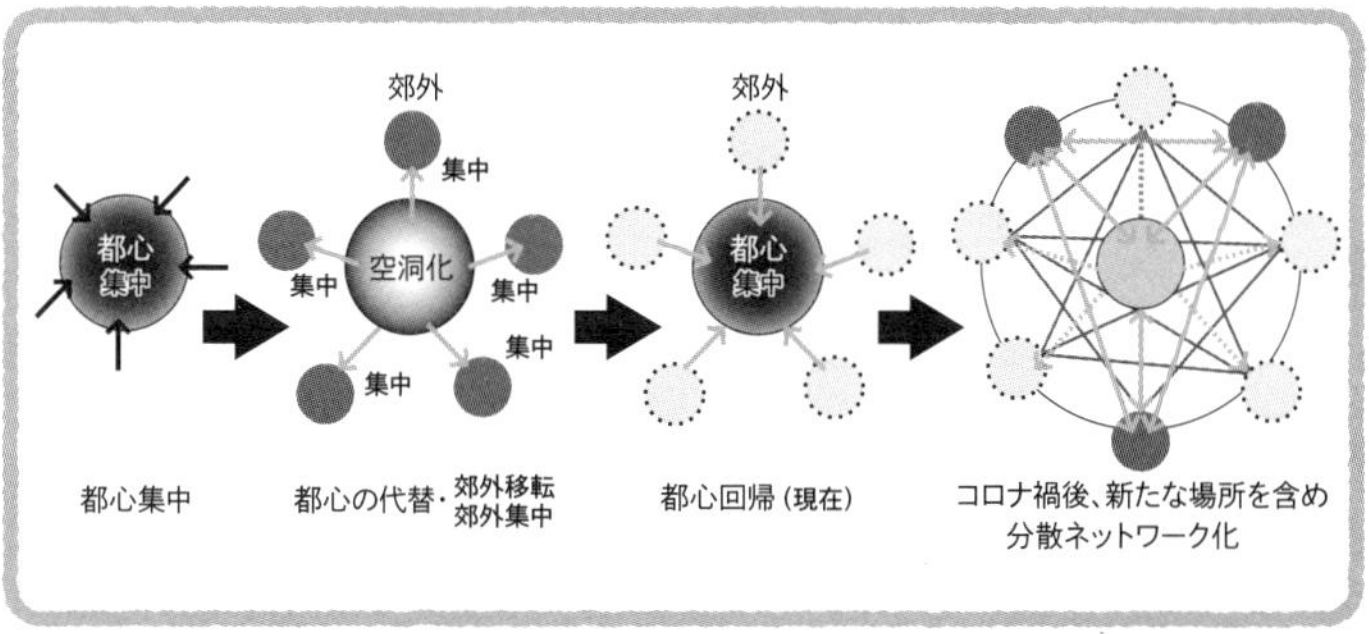

「文化をどうするか」

いずれもコンテンツの羅列だ。

「働き方改革」はその典型で、以上のような「どうするか」から生活・行動様式を人為的に変更させようとし、「仕事場から早く解放させよう」などという的外れな答えを出したのだ。

もっと働きたい者もいる。

早く帰っても楽しいと感じない者もいる。

「これって何の改革？」という疑問と不満が生まれてくる。

なぜそうなるのか。順番が逆なのだ。コンテンツは最後に出てくる結果だ。それを生み出したコンテクストは、価値観が生み出す。つまり、人間の住む「時」という川の流れで考えると、価値観の変化が上流で起こりコンテクスト（川の流れ）が生まれ、下流にコンテンツを堆積させる。下流に堆積したものをどれほど分析しても、上流の水質を変え、川の流れであるコンテクストを変化させることはできない。

では、ここで少しウォーミングアップをしよう。身の回りにあるコンテンツ。

その文脈・コンテクストは何であったのか――それを考えてみることにしよう。

まずは「会社」。会社を表す英語はcompanyだ。この言葉の原義とは何だろう。語源はラテン語の「com（ともに）」と「panis（パンを食べる）」の合成語だ。つまり会社とは「一緒にパンを食べる仲間が集まる場所」という意味だ。日本風に言えば「同じ釜の飯を食べる」といったところだろうか。この語源を知ったうえで「会社」を見直すと、ちょっと違ったように感じるのではないか。

そもそもパンを一緒に食べる仲間との間に、どんなストレスがあったというのだろうか。どこかで本質がズレてしまったから、そういった問題が芽を出すのだ。そのストレスの一因に経営コンサルタントの存在もあるかもしれない。一緒にパンを食べる――とは、一緒に汗を流すことの比喩表現であろう。流し合う汗。想像力が働き合う。どうすればお客さまに喜んでもらえるのか――仲間で対話して共通の経験をもつことで、その会社の文化が育まれる。企業にとっての文化とは、その企業の打ち出すあらゆる方針の根幹にある文脈・コンテクストである。一緒に汗を流さないコンサルタントが、短期間で会社の経営システムに触れて美しい絵を描き、目立つキャッチフレーズを打ち出し、経営者を魅了する。その提案がうまくいこうがいくまいが、そんなことは関係ない。「考えるのは自分で、実行するのはあなたたち――計画に間違いはない。実行して成果が上がらないのは、現場が悪いのだ」といわんばかりに鎮座している。

そうではない。企業の歯車を回す根幹は文化だ。それを把握せず、海外の経営者の理論や先輩コンサルの成功例をコピー&ペーストしたような提案で、何かが変わるなどあり得ない。その理屈はもうおわかりだろう。「経営をどうするか」「数字をどう上げるか」というコンテンツから考えようとするから間違うのだ。それは逆だ。コンテクストを読み、企業文化を深く理解することから始めないと、本当の答えは出てこない。

「文化」についても考えてみよう。文化＝culture の語源は何か。cultivate である。cultivate とは、耕し、種をまき、水・養分を与え、収穫し、種を取り、また耕し、種をまく……それを繰り返すことである。重要なのは「繰り返す」ことだ。いつの頃からか「文化」といえば芸能・美術・舞台・文学などを指す言葉だと思われるようになったが、それは狭い。そして誤解を招く。一見伝統を破った奇想天外なものでも、先人たちが目をむくような内容であっても、そこに「繰り

文化（cultivate）の方法論

Step1	Step2	Step3	Step4	Step5	Step6	Step7	Step8
作物を選定	耕地・土壌を用意	種子・種を用意	種をまく	水を撒く	肥料・養分を与える	除草・害虫を駆除	収穫

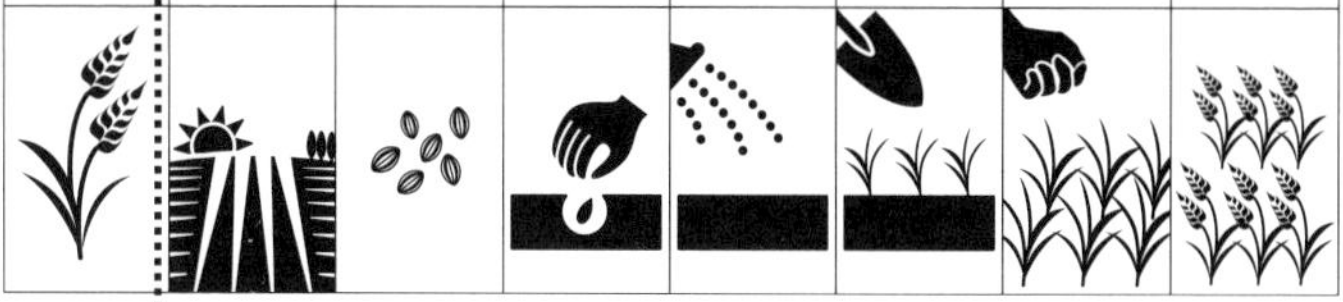

良い「種（本質）」を選び、もう一度まく

返されるもの」の本質が読み込まれていれば文化となる。逆にいかに伝統・形式を守ったものでも本質が忘却されたものは文化ではない。芸能・美術・舞台・文学などが、そのまま「文化」だというのは乱暴な話だ。

企業の文化も繰り返されるものである。本質を離れた計画で仮に数字を著しく上げたとしても、奇策であり、それゆえに共有しにくいものとなる。共有できなければ定着はしない。定着しなければ自発的に繰り返されない。自発的に繰り返されなければ文化とはならない。企業の文化を無視する計画を敢行し続ければ、コンテクストを見失い、本質から離れ会社の存在意義を失う。伝統を持つ巨大な企業でも、それは同じだ。

「伝統」についても考えてみよう。日本の伝統的舞台文化はといえば、いまもっともポピュラーなのは歌舞伎であろう。漫画の『ONE PIECE』が舞台化されたことは記憶に新しい。あの舞台も歌舞伎として成立するのは、やはり本質を逸脱していないからといえよう。素晴らしい英断だと思う。

ただ、もう一歩突っ込んで考えれば、日本の文化の本質は、見えないものを観るということにある。一つの言葉、一つの事象――それに出会った人間が同時にいくつもの思いを重ねてゆく。心の連続体とでもいうべきものを、読者や観客は幾重にも想像して楽しんできたのだ。その意味では可視的な歌舞伎よりも、浄瑠璃――しかも人形のない素浄瑠璃の世界は、より本質に近いところにあるように思われる。言葉の背後にある人間の感情。幾重にも重なる思いを三味線が描いてゆく。見事な言葉と音のコラボレーションである。

だが、それも江戸時代のこと。江戸時代の言語は室町時代と比較すれば、ずいぶん意味の幅が狭くなり、演じる者の「想像」を伝える力も、観る者の「想像」を誘発させる力も弱くなっている。それゆえに三味線の表現力がなければ、語り

見えないものを観る能

写真提供 山本能楽堂（大阪市）

芸として「見えないもの」を表現できなかったのではないか。そこまでの音の助けを借りずに、言葉や所作で「目に見えないもの」を感じさせるのは能である。

ではその能の起源とは何であったのか。物まねや奇術、曲芸などのエンターテインメントであった。いまのような能が生まれたのはそういった芸からの脱皮＝イノベーションが起きたからだ。それをやったのが観阿弥・世阿弥である。それまでの雑技が集まる舞台と、武家社会のムード――そこに何かの本質、たとえば切実な生と死を感じ、あえて斬新な舞台にしていった。まさに能は彼らの「観」の賜物である。

とくに「夢幻能」に彼らの「観」の存在を強く感じる。

現実と異世界。

過去と現在。

それが行き来する世界観。そこにシテとワキがいる。両者は同じ日本語を語りながらも、どこか通じ合わないところがある。両者の間の年月の差——シテの言葉の広がりは、その舞で感じるしか手立てはない。ただそれをじっと見、見ることで存在を許されるワキ。まさに日本的＝相対的な自己。日本人の「存在の本質」だ。

この本質を読み込んでいるからこそ、能は世に受け入れられ、受け継がれ、繰り返されていった。こういった繰り返しを、私は承継と呼び、継承と区別している。継承が形式の踏襲であるのに対し、本質を読み込み、洗練させてゆくことが承継。伝統芸能の舞台を観て、それが継承なのか承継なのか——一度考え直すのも「観」を磨くトレーニングになるだろう。

余談になるが、夢幻能におけるシテとワキの関係を想像することで、ようやく理解できるようになった小説がいくつかある。一つは夏目漱石の『草枕』。一つは三島由紀夫の晩年の連作『豊饒の海』。そして村上春樹の『羊をめぐる冒険』。一度シテ・ワキ・夢幻能の構図の中で再読していただきたい。面白い発見があるのではないだろうか。

「観」を働かせて、ビジネスを見るとき、たとえばある会社が「ＳＤＧｓを意識している」いくつかの取り組みを披露したとする。それが本質を読み込み、洗練させようとしているものなのか、ただ形を追いかけているだけのものなのか、その違いを「観」は教えてくれるだろう。さらにはそもそもＳＤＧｓの本質とは何であるのか。自然の一部である人間に共通の目標が必要なのか。十七の目標で世界の諸問題を理解・解決する必要があるのか。それはトラブルなのかプロブレムなのか。「観」はビジネスマンの人生・意味を変える。

「人間百年」時代のビジネスマンにとって興味深い言葉と言えば「定年」である。これについても考えてみたい。定年という言葉を現代人はどのように捉えているのだろうか。平均年齢百歳にでもなれば、もっと長く働いてもいいのではないか。七十歳、八十歳、いや九十……原義が終身雇用だと考える人も少なくない。

しかし、定年制度導入の背景は終身雇用ではない。明治時代、労働者は一つの会社に定着せず、雇用は流動的であった。会社としては技術力を確保し、維持したい。そのための約束として「せめてこの年齢までは、（弊社に）とどまってほしい」という意味で定めた制度だったのだ。さらに「本当の起源」となれば、ずっと遡って奈良時代ということになろう。八世紀の養老律令には「役人は七十歳を越えれば職務を返上する」とある。この基本は「礼」。七十を越えれば他人に仕事を譲るのが礼だという「致仕《ちし》」の概念にもとづいたものだといわれている。高齢になれば自ら身を引く。それが礼だということだ。「分」を弁えると言い換えてもよい。高齢社会になったのだからと定年を延期させるのは、あくまでも経済的功利を重視する考え方であり、深みのある発想とは言い難い。本質を捉えるなら、やはり社会的役割の再定義に目を向けるべきだ。

「えべっさん（えびす）」も気になる。東京土産にキャラクター化されたえびすを買って帰る人がいるという。たしかに同名の駅もあり、縁起の良い日本を代表する神でもあるが——これも、そもそもを知っておくべきである。えびすは別名「蛭子《ひるこ》」という。足が萎え、あまり恵まれない姿だったので、親に捨てられ、海に流されて西宮の鳴尾浜に漂着した子供であった。

西宮はいまでは兵庫県であるが、当時は大阪市と同じ摂津国。摂津の人々はその子供を「神」として温かく受け入れた。不具ながらも生きてたどり着いたことを「目出度い」と捉え「神」とする――これは海の向こうから来る新しい知識や技術・情報を積極的に取り入れてきた日本人の姿そのものだといえよう。子供を捨てる神話は世界に山のようにあるが、障害をもって捨てられた子供を神とする神話は日本にしかない。えびすは大阪人の気質が生んだ神。あくまでも「えべっさん」と呼ぶべきものだという気がする。

企業は何のために存在するのか

コンテクストという観点から、私、池永の勤めている大阪ガス株式会社の原点と文化のことも少し述べておきたい。そもそも明治三十八年に創業した大阪ガス設立の目的は何であったのか。江戸時代から明治に入って、木造家屋の多かった町はいくども大火に見舞われた。その火事を町から減らすことが目的だったのだ。設立趣意書にも明記されている。

大阪瓦斯ビルヂング

また大阪淀屋橋にある本社ビル。いわゆるガスビルは、昭和八年に「大阪でもっとも美しいビル」として産声を上げた。その使命はもちろん、「ガスの需要を拡大する」ということにあったわけだが、それを伝えるだけであるのなら、かくまで壮麗なビルを建設する必要はなかったであろう。ビルを使ってさまざまな展示、調理の実習、レストランなどを通して、広く市民に伝えようとしたものは何か。大正十五年に会長に就任した片岡直方が次のように提唱したことが根幹にあるという。

「新社屋を市民の交流の場として

市民とガスとを結びつけたい」

つまり大阪ガスのそもそもの仕事は新旧を混ぜることにあった。そしてその混ぜる場＝「中間」として機能するビルを建てることを目指したのである。新旧の新はガスであるが、では旧は何か。当時、日本では竈を神聖視する信仰が根づいていた。近畿圏でも大阪では「へっついさん」、京都では「おくどさん」と呼び、竈は火の神の宿る「家の中心」であった。お正月には一家の家長が火打石で火を入れる、あるいは氏神様から火をいただいて「新しい火」をともすことが「事始め」であった。そこにガス熱源を入れること――それはまさに「宗教改革」ともいえるイノベーションであった。

もちろん大阪ガスもいきなりイノベーションを目指したわけではない。別の事情もあった。二十世紀初頭、商都から工業都市へと変貌してゆく大阪において、その象徴ともいえる存在が街中のガス灯であり、動力用のガスエンジンであったことは事実だ。しかしその寿命は短かった。タングステン電球や電気モーターが台頭してゆき、あっというまにガスと工業との関係性は弱くなっていった。そこで大阪ガスは家庭にも目を向けるようになったのだ（ちなみに一九八〇年代からは業務用・工業用中心に転じる）。これは社員がともにかいた「汗」の部分だといえる。ここからガスビルが生まれる——大阪ガスの企業文化は社会的価値の創造にあったのだ。

この企業文化がコンテクストを生み、独特の都市文化を生み出してゆく。たとえば日本初のチェンバロコンサートの開催。会場となったのはガスビルの中にあった講演場であった。講演場は二階から四階の三層吹き抜けで、三百人を収容できるホールで、映画や音楽を楽しむこともあった。これも「混ざる」ことで生み出す「新しいライフスタイル」の創造であった。

このような企業文化の本質を、忘れることなく語り継いでいかねばならない。

5　生き方が問われる時代に

ワークかライフかではない

ここまでコロナ禍での変化を見てきた。では、コロナ禍の後、我々はどのような状況を、どのように生きてゆくべきなのかを考えてみることにしよう。

コロナ禍がもたらした変化のきっかけはテレワークである。テレワークによって、それまで分かれていたワークとライフが混ざるようになった。図で対比すれば98ページのようになる。

仕事と生活の主体は家となる。オンラインは仕事や学校だけではなく、生活の隅々に浸透してゆく。これまで距離が離れていたことや、仕事が理由でなかなか参加できなかった冠婚葬祭や法事にも、オンラインで参加するケースが増えるだ

テレワークに伴うライフとワークの融合

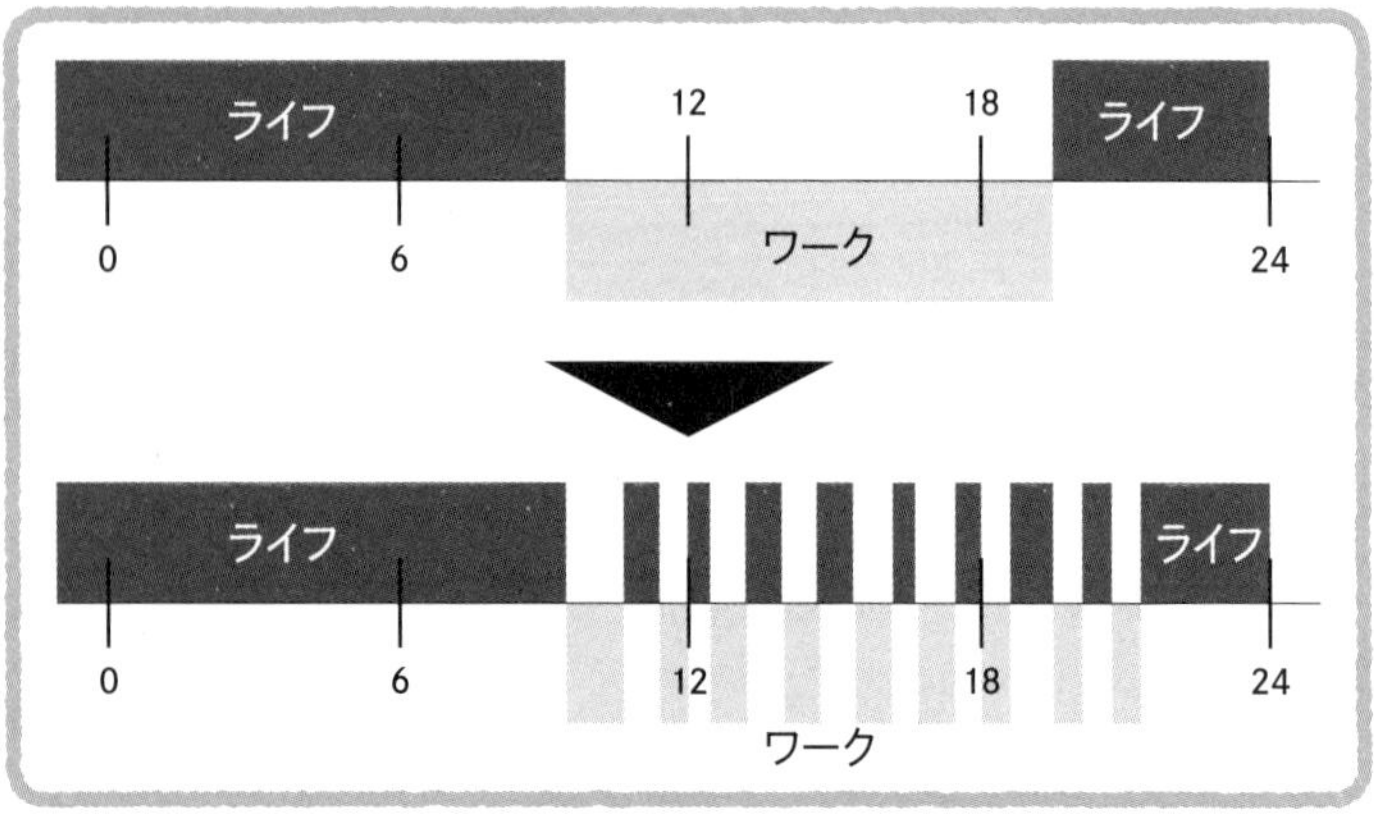

ろう。長期休暇にならないと行けなかった実家とも、オンラインでつながって日常的に会話をすることもできるようになる。たとえ一人暮らしであっても、多くの人との対話がライフに満ちてゆく。「近しい人たちや家族とともにいる」ようになったライフ。これをもっと充実したものにできないかと「ライフへの探求」が始まる。

またテレワークは働く意味を変える。時間の拘束から解放される。同時に評価の基準も変化せざるを得なくなる。時間給や年功序列といった発想も意味を失う。仕事の評価は成果そのものになる。これについては現状と比べればシビアな時代になるが、達成・成功したときの充実感はいまよりももっと満ち足りたものになる。さらに充実した仕事をするにはどうするべきなのかと「ワークへの探求」が始まる。

ライフもワークも同時に充実を求め拡張してゆく。ライフの拡張は、家の中に多様な生活スタイルを生み出す。食事、映画などを観てともに過ごす、友人の誕生パーティーやオンライン法事への参加……多種多様な用途にあらゆるスペースが使われるようになる。ワーク用の個室的な区切りもあいまいになり、混ざり始める。職場との距離から解放されたライフを過ごす住まいは二拠点、三拠点と増えてゆくことになる。その時々の最適な場所で過ごすことで、ライフは充実してゆく。

ワークも拡張する。ワークには大きく分けて二つある。「ひとりワーク」と「チームワーク」だ。「ひとりワーク」は与えられた仕事をこなす作業なので、必ずしも会社でする必要はなかった。会社での仕事の醍醐味は「チームワーク」にある。会社は「ともにパンを食べる場所」だと言ったが、それはともに「汗」をかくだけではなく、「チームワーク」によって仕事を生み出したり、深めたり、広げたりする場所という意味でもあった。この「チームワーク」が会社から解放され、オフィス、コワーキングスペース、セカンドハウス、フリースペースと、その時々の最適な場所で行われるようになる。

ワーケーションという言葉が使われるようになって久しいが、一般にはテレワークを活用して、働きながら休暇を楽しむ過ごし方を意味している。しかし、バケーションもいまのイメージにはとどまらないのではないか。ワークとライフが自然に溶け込み混ざり合えば、より多層的、高次元で創造的な「ワーケーション2・0」とでもいうべきものへと発展・定着してゆくことだろう。

ライフとワークが混ざり多拠点化すれば、「ここに住まなくてはならない」都市など存在しなくなる。住むべき場所は「ここでもある」し「ここでもない」。住む場所に「住みたい」以上の特別な意味がなくなり、家の規模にも意味がなくなり、ワークの種類・内容も、ライフからそれを取り分けて考える必要がないために、意味がなくなる。逆に問われるのは、トータルとしての「生き方」である。それがコロナ禍後の価値観なのだ。

ワークとライフの融合

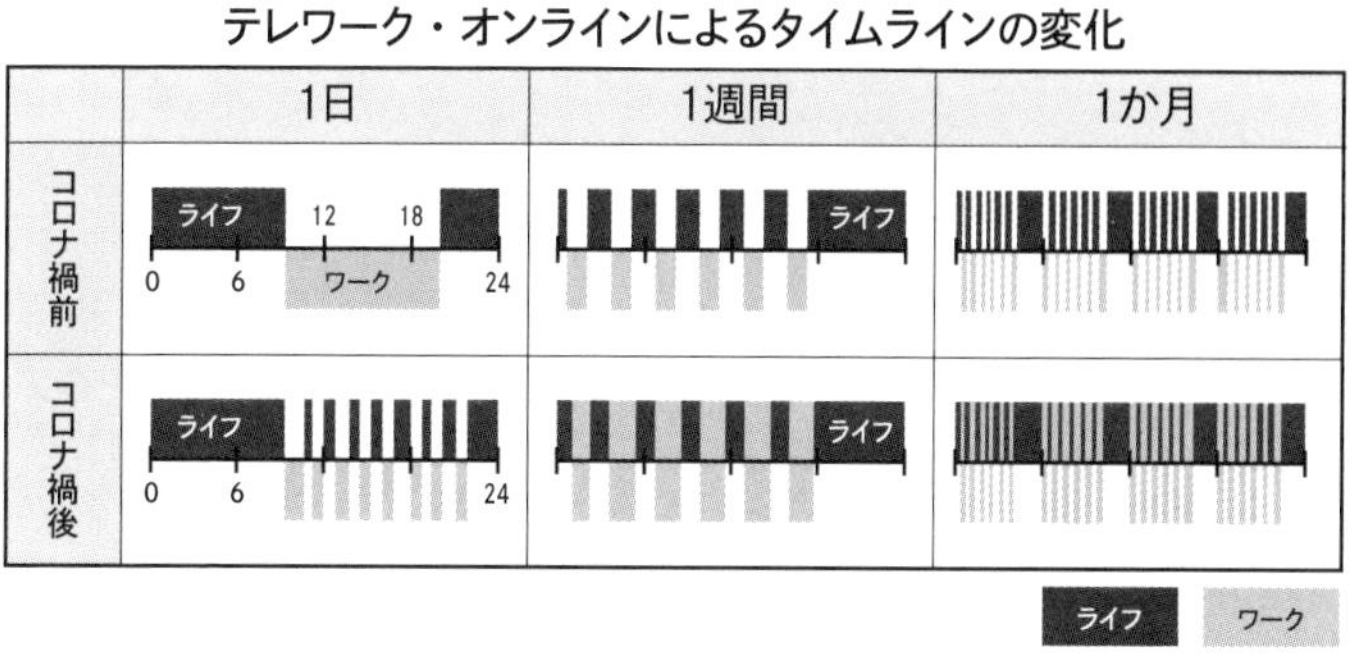

テレワーク・オンラインによるタイムラインの変化

ワーク・ライフの拡張

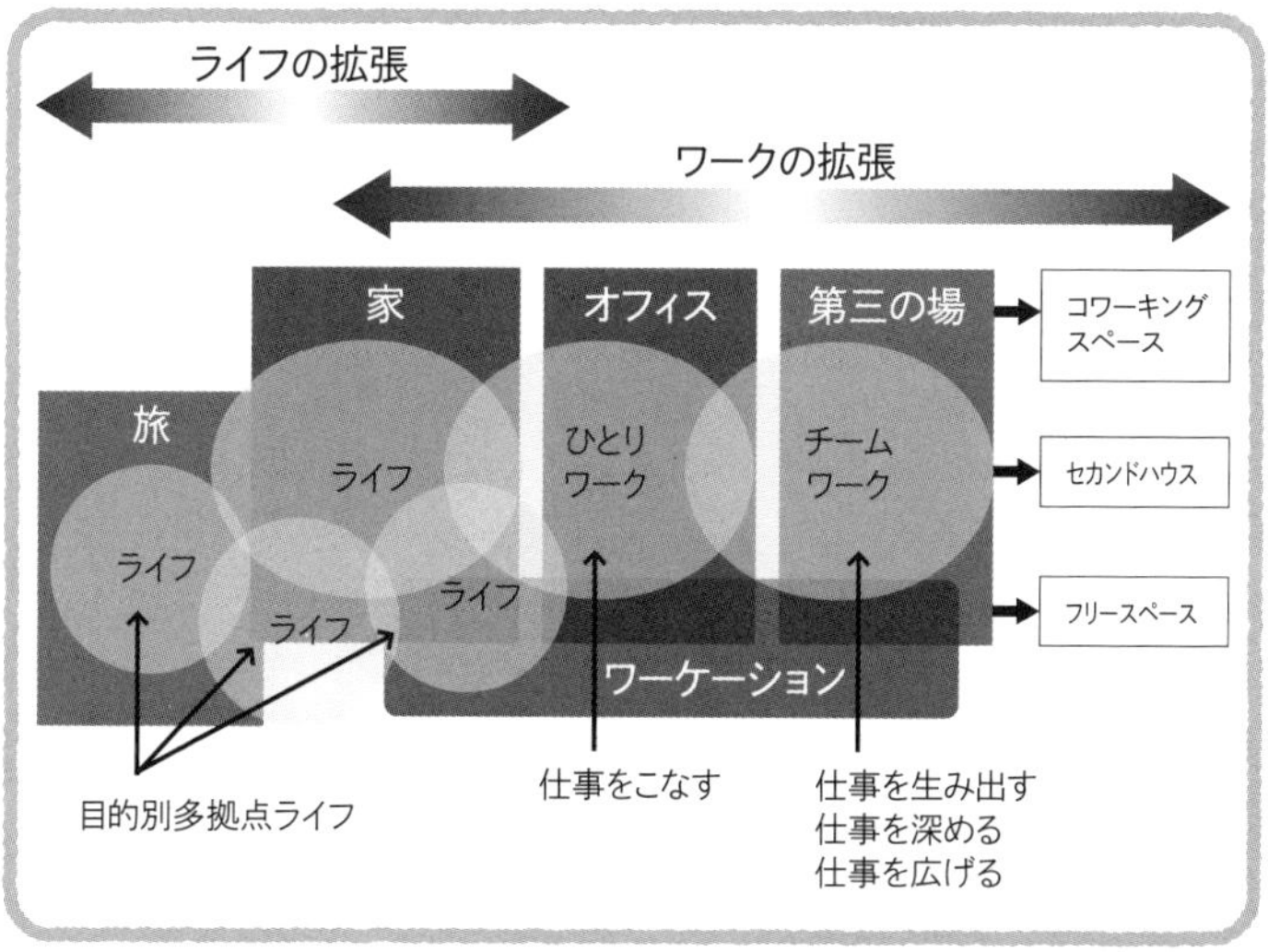

「大阪都構想」住民投票の出口調査（年齢別比較）

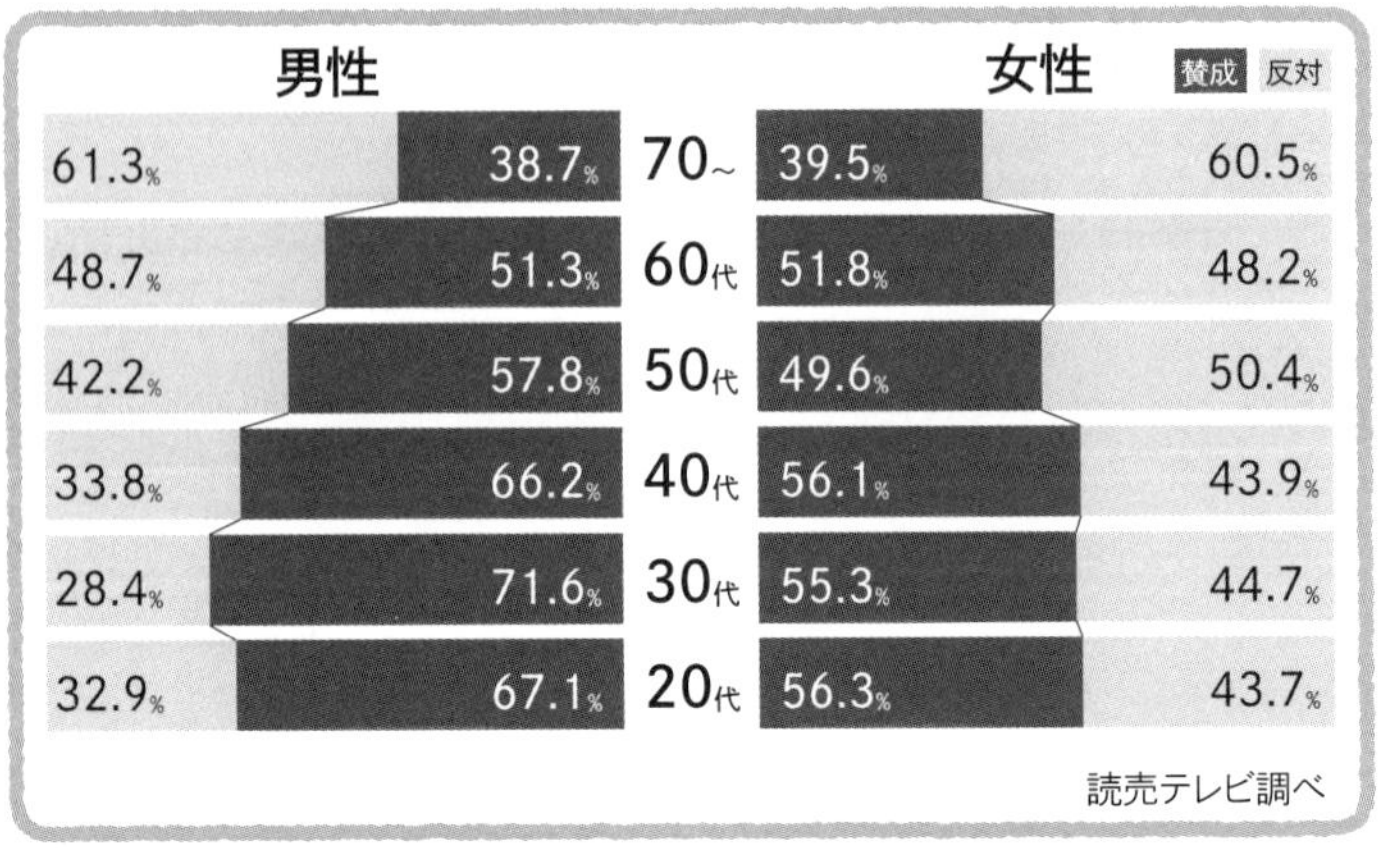

余談になるかもしれないが、この価値観の変動はすでに若年層を中心に起きているのではないか。それを実感したのが二〇二〇年に実施された大阪都構想の住民投票である。結果として府市統合は否決されたが、賛否はまさに半々であった。年齢層でみれば、大阪市廃止に賛成したのは若年層だったといってもいい。

過去を見る年配者と、未来を見る若者たち。その立ち位置の違いによる答えの差だとすれば、じつに興味深い。未来と向かい合うならば、「市」という概念よりも「生き方」が重要になる。住んでいる場所が大阪市であろうが区であろうが知ったことではない。ライフもワークも多拠点化するのだから、住みにくくなれば簡単に捨ててしまえばよい。

自分の「生き方」に合った都市という根拠が、行政のあり方よりも優先される——コロナ禍後の価値観、その大きな産声を聴いたような気がした。

総括されない概念を継承する必要はない

それでも人がいた場所——都市であろうと地方であろうと、そこには離れがたい魅力があることも事実だ。風土・感性・文化が循環し、そこに住む人の精神的環境を支えてきたからだ。そしてこの循環から完全に離れてしまうことは、そこで育んだ「自己」をコンテクストから切り離すことになる。切り離された「自己」はたんなるコンテンツと化し、脆《もろ》く孤独な存在となって浮遊してゆく。

高度経済成長期に、「金の卵」ともてはやされた地方出身者たち。郷里の母親たちは、自分たちが苦しめられた地方の封建的な社会から、子供を解放してやりたいと願い、涙ながらに送り出した。しかしその結果、子供たちはコンテクストから切り離されてしまった。戦後の社会の歪みの原因はここにもある。「金の卵」

を含む団塊の世代は都市へと集中し、核家族化を引き起こし、ライフスタイルから「中間」を消滅させ、知的基盤を失い、「自己」を形成できないまま、新しい風土に感じることもなく、感性を眠らせ、新たな文化をつくりあげることもできなかった。

そんな世代が生み出した概念・思想・システム――「過去の取り決め」を継承することに意味があるのだろうか。ない。

なぜなら、彼らを生んだ背景――敗戦後の新しい社会の建設にも、また封建的な社会からの解放という母の涙にも、根幹に確固とした総括が存在しないからだ。

総括。日本人はいつの頃からか、これが苦手になった。

「今回のプロジェクトは失敗だったが、また次がんばろう！」

総括もなく、よって責任を伴わない行動の連続。

それが当たり前になってゆく。

政策がうまくいかなくても、また政治に関わることを許される。

経営に失敗しても、また次のプロジェクトに関わることを許される。

失敗はどんどん軽くなる。

人間の存在・言動もどんどん軽くなる。

そして傷つく。

責任という言葉に対する感覚が麻痺してゆけば、ともに一つのものを構築していっても、そこに込められた意味や目的は不鮮明になり、ついに何も共有できなくなってゆく。

いったい自分たちは何をしようとしているのだろう？

周りにいるこの人たちと、なぜ自分は一緒にいるのだろう？

こんな言葉を聞いたことはないだろうか。

「意味わからん」

「訳わからん」

元来日本人はものに思いを託して伝える文化を育んできた。あらゆる分野に「暗黙知」が多いのはそのためだ。目に見えないことを観ようとする。聞こえないことを聴こうとする。しかしそれが可能なのは、根底に共有できる文化が浸透していること。つまり「暗号表」のようなものを共有していることが前提だ。しかしコンテクストを失ったことで、それが希薄になる。そうするとしょんぼりし

意味わからん・訳わからん

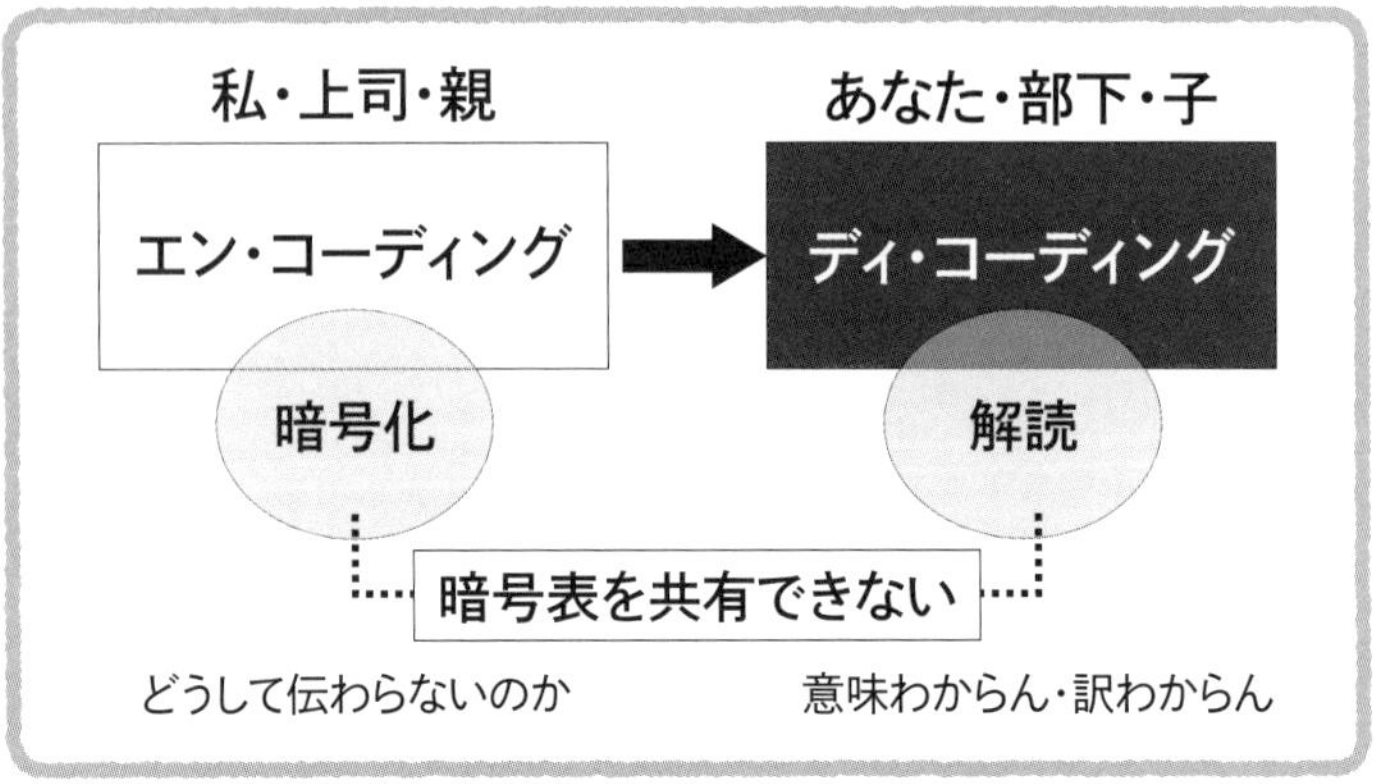

ている女性社員に上司が「飯《めし》でも行くか？」と声をかけてもセクハラになってしまう。「元気がないようだから話を聴いて、元気づけてやろう」という上司の暗号を女性社員は解読できず、「気持ち悪っ！」となる。「暗号表」が共有できていないことが原因だ。突然キレる人が増えたのも、この解読の失敗に原因があるのではなかろうか。暗号を込めることを「エン・コーディング」。それを解読するのが「ディ・コーディング」。どれほど巧みに「エン・コーディング」して発しても、「ディ・コーディング」に失敗すると衝突する。

それだけではない。さらに悪化の道を進んでいる。衝突が頻発すれば、人はそれに疲れてくる。疲れれば接触を回避する。底なしの閉塞感が生まれてくる。

ある女子大で、学生にこんな質問をした。

「あなたは入社十五年目の管理職です。あなたには部下が十人います。一人をリストラしなければならない状況になりました。管理職のあなたは誰からリストラしますか?」

こちらの予想としては、部下のこれまでの業績を見て、もっとも業績の低い人をリストラすると答えるだろうと思っていた。しかし彼女たちの答えは百八十度違っていた。

「もっとも能力の高い人をリストラする」

なぜか――能力の高い人間はいつかこの職場を捨てるだろう。そのときの会社のダメージを考えると恐ろしい。そして将来管理職である自分をリストラする人材となるかもしれない。だから芽を摘む。このような閉塞感が、まだ就職していない層にまで浸透しているのだ。

もう一歩踏み込んで彼女たちの視点に立てば、そのジェネレーションで共有しているものの影響もあるのではないか。それはゲームの中にある。戦国の国盗り・天下取りあるいは三国志などをテーマにしたゲーム。そのもっとも合理的な戦法は、優れたキャラクターを殺してしまうことにある。おそらく「部下のリストラ」というこちらが発した言葉に込められた暗号は、まったく違う性質のゲーム的な暗号表によって、読解されたのではないかという気もする。

いずれにしても、人事の設問に対して、ゲームをどのようにクリアするのかという発想で答えを導き出すという意思疎通の失敗。そこからはじき出す答えの閉塞感。

問題は山積みだ。これらを払拭できるものとは何だろうか。本質であるプロブレムは何なのだろうか。いうまでもない。コンテクストの再確認と共有だ。

コロナ禍後の社会ではそれができる可能性がある。

たしかに住んでいた都市との関係性は変わり、多拠点化すれば、いまいる都市と離れることもあるだろう。しかしそれは、土地のコンテクストから切り離された「金の卵」時代とは根本的に異なる。一つの拠点で長年過ごすと、そこの風土・感性・文化の循環の中で「自己」を育むことになり、コンテクストも色濃い

多拠点化する日本

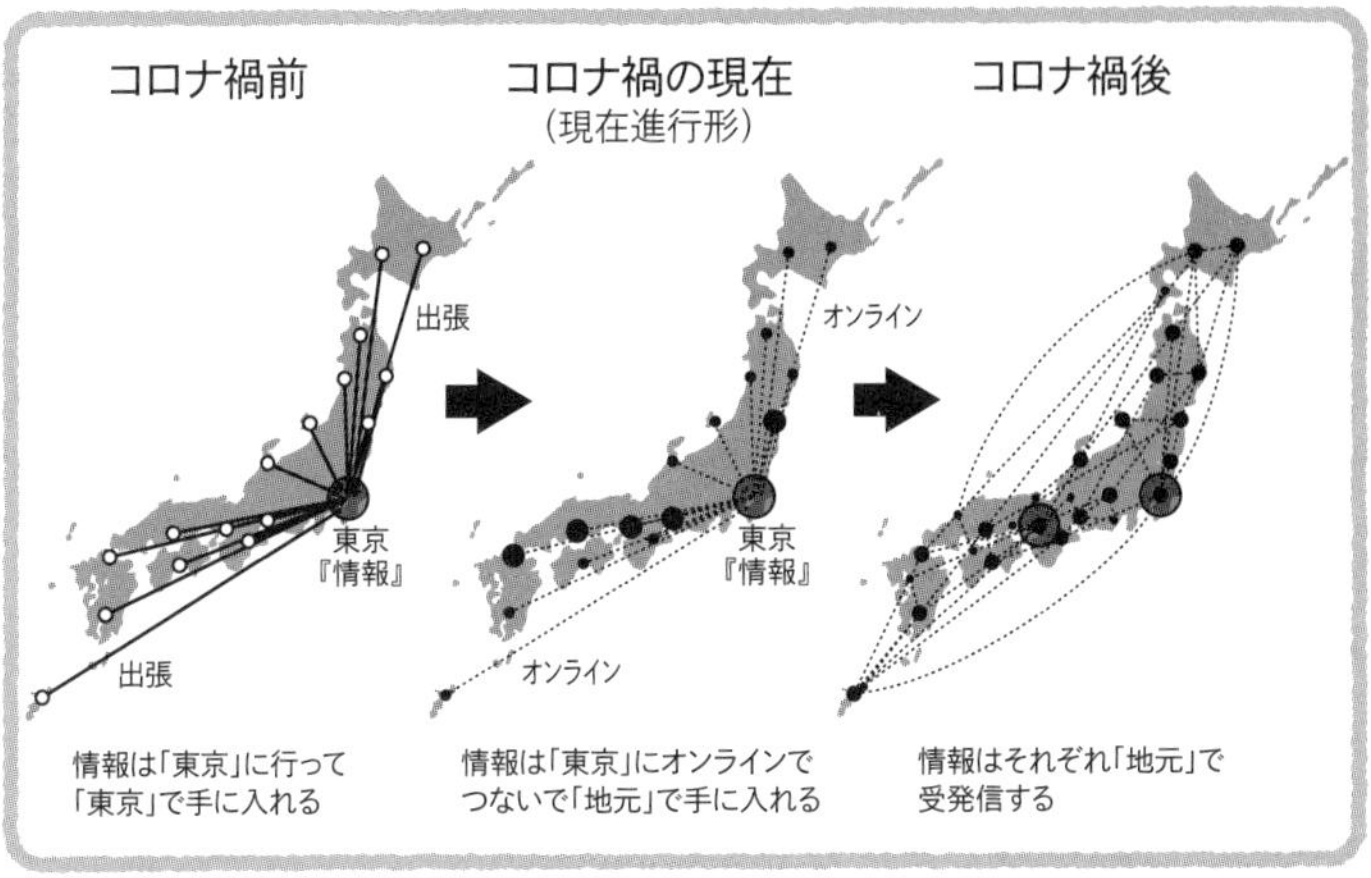

ものとなるが、それが逆に足かせとなって、「場」への過剰適合を強要する場合もあった。都会に子供たちを送り出した母の涙はその典型だ。

これに対してコロナ禍後の多拠点化は、オンラインのテレワーク化によってワークとライフが混ざり、生き方をトータルで考えることが基盤になっていく。つまり「土地」の支配を受けなくなる。風土は自身の生活様式に従属することになる。従属した風土との関係が、多拠点化の中で組み合わされてゆく。多くの拠点で暮らせば暮らすほど、自己に多くの風土が結合し始め、多層的な効果を感性に与える。そこから生まれる文化は刺激的なものとなり、その刺激がまたより多くの風土を従属させてゆくことになる。

要は、すべて自分の意識の持ちようだということだ。そのために「観」を磨く。コロナ禍後への準備は、正にこの一点につきる。

合規という言葉

「観」を磨くこと。じつは急いだほうがいい。

なぜか——実例を一つ提示しよう。

「合規」という言葉を耳にしたことはあるだろうか。日本人は知的基盤をもとに、海外から入った言葉のコードを読み取って、日本人らしい言葉を生み出すのが得意であった。漢字二文字で概念を生み出すのは日本産。その言葉を中国も輸入した。そして深圳でも、日本人のデザイン性には勝てないといわれるほど、日本人がかつて持ち、いまもかろうじて残している精神性は高度である。しかし、「それに勝てない」「素晴らしいものだから使おう」という中国人の本音は、現在の自分たちの弱みを真摯に受け取り、そのうえで最終的には自力で生み出せる状況をつくりだそうとしている——そのための「気づき」であることを忘れてはならない。

彼らの知識欲・理解するためにはらう努力は並大抵のものではない。日本の戦後教育の中で取り払われた文化の一つに「二宮金次郎」がある。かつては彼の銅像・石像がどの学校にもあった。そこには勤勉を奨励する意図もあったろうが、それ以上に託したコード（たとえば、「分」に応じた生活を心がけ、余剰があれば拡大再生産にあてるといった考えが、経世済民を考えるうえでも重要であるといった思想。平たくいえば自助を第一にし、余力があれば周りを助けるという姿勢）があり、先生や子供たちも、それを暗黙のうちに解読していたことであろう。

いま、二宮金次郎の研究は、日本よりも中国のほうが進んでいるのではないか。北京大学の劉金才は二宮金次郎の報徳思想が、中国のヒューマンエコノミーを構築するうえで役に立つと論じている。その根拠は——金次郎は私利私欲を否定せず、「一粒の米を推し譲ってそれをまけば、すなわち百倍の利を生ずる」と説いている。経済成長重視で人間性を欠如させ、道徳を崩壊させ、拝金主義が横行している中国の危機を救ううえで、こういった思想は大いに役立つと論じているのだ。二宮金次郎の思想を、いまの日本人はどこまで深く「自分のこと」とし

清少納言『枕草子』

▶中国語訳『枕草子』上海人民出版社

て見つめているのだろうか。そのうちに日本の古典文学研究すらも、中国が最先端となる可能性がある。とくに清少納言の『枕草子』は中国の知識層、とりわけ若い女性が好んで読んでいるという。千年前の清少納言の研ぎ澄まされた感性「をかし」に学んでいるのだ。『枕草子』から感性を学ぼうとする日本の若い女性はどれだけいるのだろうか。

このような中国人の知識・理解に対する貪欲さ——それがついに「合規」という言葉を生み出した。この言葉はコンプライアンスのことだ。あるいは「創新」という言葉もある。イノベーションのことだ。彼らは漢字二文字の概念に置き換えたのである。いまの日本にそれができるだろうか。それができなくなったら、中国から借りれば良い――そんなふうに思っている人がいるならば、自分の思考がどれほど言語に束縛されているのかをもう一度見直すべきだ。そして言語を生み出す側が、概念を支配することを思い返すべきだ。一例を挙げれば、フランスは世界各国の厨房に、シェフを始めとするフランス語を移植していった。それは食の権威を、自国のものにするためだ。チョコレートよりショコラのほうが高級に感じるのは、決して自然な成り行きで生まれた感覚ではない。しのぎを削ってフランスが勝ち得た成果なのだ。これが言語の支配の力だ。

昨今、多様性という言葉が頻繁に使われ、あれもこれも認め、受け容れる時代になったと言うが、認める・認めないという議論・決定ができる対等な立ち位置にいてこそ、多様性は生きる。すべてが借り物の言語に支配され、思考までコントロールされ、独自のものを生み出せない国に対し、多様性の議論の「座席」が与えられるかどうか――そんなに人間はやさしい生き物ではない。

大阪の役割

ここで「だからこそ大阪」といえば奇異に聞こえるかもしれないが、これは何も大阪人だから言うのではない。「大阪」という言葉と、その背景に根を張る現代的な「含意」。これを見直すところに、日本のこれから――再起動のためのキーワードがある。すべての国民に考えてもらいたいテーマだ。

「大阪」と聞いて多くの日本人はどう感じるだろうか。たとえば「食」。たこ焼きやお好み焼きといったコナモンと呼ばれるものを想像する人も多いだろう。気質はといえば「商人気質」。だから挨拶は「儲かりまっか」「ぼちぼちでんな」。野球は熱狂的な阪神タイガースファンにあふれていて、日常の会話には「お笑い」の要素が不可欠。「おばちゃん」と呼ばれるヒョウ柄服を着る中高年女性が、カバンから取り出す「あめちゃん」。

これらはすべて虚構である。共通しているのは「蔑み」。高度な食文化をコナモンでくくり、毅然としていた商人気質を「儲かりまっか」などという下卑た言葉で彩った。そもそも東京の「山の手言葉」は、江戸時代の大坂の船場言葉が源流であることも忘れられている。関西のテレビ局がタイガースの試合を放送したことや、有名人のかわりにオーディションでつくりあげた「市井のおばちゃん」を放映して視聴率を上げげたこと。このようなテレビが生んだ潮流・虚構を、もとからあった「土地の文化」のように語り、演出し、全国に広める――情報操作された姿、それがいま、大半の日本人の頭の中にある「大阪」だ。それは大阪人自身にも影響を与え、本質を見失わせつつある。

では大阪という都市の本質、見失ったものは何か。

武家の多かった江戸の文化は一言でいえば「義」。仁義、義理——まっすぐな心意気の粋さに魅力がある。それに対して町人が多かった大阪の文化は「儀」。儀とは高度かつシンプルにデザインされた「おもてなし」の作法である。行儀、儀礼、祝儀など「儀」のつく言葉を思い描いていただければ、なんとなく違いを想像してもらえるのではないか。これは最近まで東京・大阪の違いとして生きていた文化である。たとえば、大阪のビジネスマンは少し前まで人を訪ねるのに手ぶらでは行かなかった。何をお渡ししたら喜んでもらえるのかな……そんなことを一所懸命に考える。そうやって相手に思いを伝えるのが「儀」である。義に固い東京の営業先に、あまり頻繁にお土産を持ってゆくと「受け取れません！」と突き返されることも。これは風土の違いによる「ディ・コーディング」の失敗といえる。

「儀」はものに思いを込める。これが発展すると、日本的なミニマリズムを生み出してゆく。世界はこのミニマリズムの洗練された美に反応を示した。サウジア

日本的ミニマリズムの空間

こうと文化的風景

天王寺七坂（天神坂、源聖寺坂）。地味で質素だが、上品なセンスを感じさせる。

ラビアの副皇太子が先帝陛下に面会されたときの写真。あのシンプルな空間を世界中が絶賛したのだ。見かけはシンプルにしつつも、そこに込められた思いやりが幾重にも存在する――そういった美の根幹は「儀」が発展したものだといっていい。

さらに大阪はこうと（公道）文化を発展させた都市でもある。こうと文化とは地味で、質素でありながら上品。その起源は十八世紀の淀屋闕所《けっしょ》にあると考えられる。贅沢・華美が目立ったことを理由につぶされた大店を見て、「目立ったらあかん」と考えた商人たち。外見は質素に見せつつ、着物の中、お椀の底などに、そっと「華美」を忍ばせるようになった。それが洗練を重ね、こうと文化という独特の美意識を生み出していったのだ。

だから大阪では華美な伊藤若冲は流行らなかった。

江戸の荒事の歌舞伎も流行らなかった。

これが大阪文化の本質である。

そしてこの大阪文化は北前船に乗って、全国に広がった。

大阪的なものが、日本文化の基準となっていった。

藝《げい》は世界を掬《すく》う

大阪・関西・日本の藝を統合

芸術の「Art」、技巧・科学技術の「Techno」

文化・文芸の「Culture」、楽しませる芸能の「Amuse」

藝《げい》はコロナ禍後の世界を掬《すく》う

また、これはあくまでも個人的な想像だが、大阪独特の「美を内に忍ばせる」という感性は、女性が主体となって生み出していったものではないかと思う。そこにも武家社会ではない、女系相続が主だった商都独特の文化を感じる。

大阪を面白おかしく蔑んで楽しむのが社会の通念となれば、「ああそんなふうに喜んでもらえるのか」と大阪人の「儀」が過剰に反応する。それがいまの「大阪」のイメージ定着に拍車をかけたのだろうが、そうすることで本質が失われてゆくことの怖さを、思い直すべきではないだろうか。

世界の絶賛する精神的なデザイン。

その源泉たる都市として大阪を見直す。

大阪人は、コロナ禍後への準備として、潜在的な「観」の力を、どの県民よりも積極的に磨く責任がある。その磨き出した「観」を、多拠点化が進む全国民と共有すれば、それがどれほど大きな国益となるのか、想像するだけでも身震いしそうではないか。「大阪的なイメージ」に甘んじて、それを演じて喜んでもらうよりも、いま本当に喜ばれる「お土産」が目の前にあることに気づくべきである。

二〇二五年に予定されている大阪・関西万博が、その発露の場となればいいだろう。世界からの住みたい都市として高い評価を受けた大阪。世界の人々にそう感じさせるのは、シンボリックな史跡などのインパクトだけではない。こうと文化の質素で上品なセンス。ものに思いを込める「儀」のセンス。精神的なデザインの力が魅了したのだ。その魅力は、存在としては「これ！」と明確につかみ取れるものではない。相対的であり、淡い。まるで水面に映る月の光のようなものだ。それをそっと掬う。Art（芸術）、Techno（技巧・科学技術）、Culture（文化・文芸）、Amuse（芸能）の四つの「藝」――これまでばらばらになっていた大阪・関西の本質を統合して、コロナ禍後の世界を掬う。それが日本の再起動につながってゆく――そんな万博を目指せないだろうか。

そして死

定年前の六十〜六十五歳の男女、および五十〜五十三歳の男女有識者にアンケートを行った。問いは「あなたは何歳まで生きると思いますか」。答えは平均八十・一歳であった。人生百年といわれているのになぜ八十・一歳なのか。なぜ仕事を辞めた後、十五年ほど生きることができれば本望だというのか。

「リタイア後の準備は何かしていますか」――この問いに対しては、大半が「準備していない」であった。本音を言えば、「リタイア後、自分が何をしているのか想像がつかない」ということなのであろう。

興味深かったのは三つ目の問いに対する答えであった。「リタイア後、会社のOB会に参加しようと思いますか」――答えは二つの層で大きく異なった。六十〜六十五歳の層は「参加しようと思う」が多かったが、五十〜五十三歳の層は「参加しない」。これは明らかに時代の流れの中で「縁」に対する感覚が変化していることを示している。戦前は「血縁」「地縁」への意識が強かったが、戦後の高度経済成長では、故郷を離れ、生涯雇用を前提とした会社の「社縁」への意識

リタイア後の自分の姿

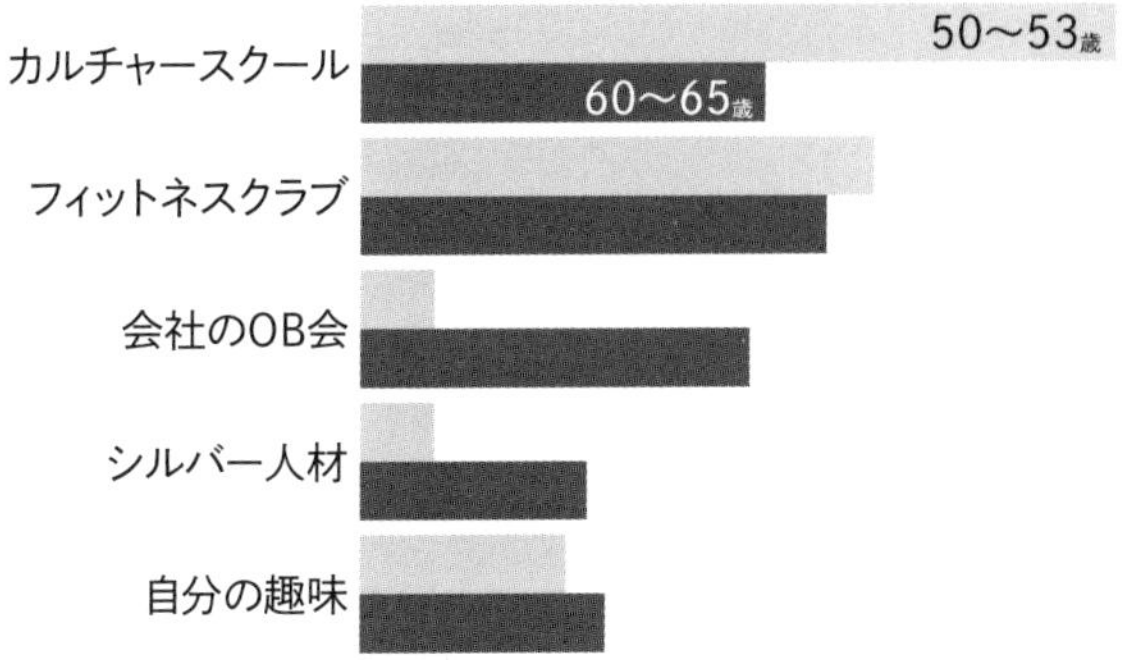

大阪ガス エネルギー・文化研究所（CEL）「リタイアに向けた意識調査」（2018.7）より

が強くなる。それが核家族化、さらには一人暮らしへと家族の形が変化し、「個人としての縁」へと移行してゆく。

ただ「社縁」よりも「個人としての縁」を構築し、深めていきたいと感じていても、自分を取り巻く社会と、具体的にどのような関係を、どのように深めてゆけばよいのかがわからなくなっている。それゆえに単身中高年層は休日、大半がテレビやネットを見て過ごしているのだ。

こんな質問を大学生にしたこともあった。「思い出の場所はどこ？」

――「とりたてて素敵な公園ではな

いけど、仕事が忙しくてなかなか遊んでくれなかった父が、時間をやりくりして連れて行ってくれた公園」。またこんな質問もした。「思い出の本はなに?」。シンデレラ、赤ずきん、三匹のこぶた、桃太郎が上位四作品であった。「毎日暗唱できるくらいに、おばあちゃんに読んでもらったことが忘れられない」、「母に読んでもらって、迷子になると狼に食べられてしまうよと言われた」というように、大学生の記憶には「家族と一緒」というシーンでの思い出が多かった。公園や本＝ものと捉えれば、ものとの関係よりも、そこに一緒にいた「誰か」のほうが大事であったことが見て取れる。

ものを「仕事」に置き換えて考えれば、深刻な問題が見えてくる。仕事との関係だけでは、たいした満足を与えてくれない。満足は「誰」と何を生み出したかによって決まる。その「誰か」とは、対話をしながら仕事をする。山ほど対話しながら、できあがったものを外に提示する。おびただしい数の「話し言葉」を交わしたすえに、清書のような「書き言葉」が締めくくる。これが普通の光景であったはずだ。ところが——いまのオフィスを思い浮かべてほしい。あまりにも静かではないか。

オフィスから固定電話が消え、社員に配られたパソコンと携帯でメール、スケジュラー、LINE、SNSが使用される。社内の会話量が減り、黙々とパソコンに向かっている。そこで声を上げようものなら鬱陶しがられ、まるでマナー違反ででもあるかのように睨まれる。

言葉は「書き言葉」が増えてゆく。それも練られていない稚拙な文章が飛び交う。そんなオフィスで一緒にいた仲間に「縁」など感じるはずもない。かといって個人に戻ったときにも、会社で積み上げた経験が影響を与える。家に沈黙を持ち帰る。テレビやネットを相手に時を過ごす。

「リタイア後、何をしているのか」——想像できない、いや、想像したくもない。それがいま横たわる、「死」の光景。リタイア後に「生きたい」十五年。恐ろしく長いのではないだろうか。

さて、そんな死の光景に対し、あなたは何を叫ぶだろう。

社会や時代に問題があった。自分はその時代に生きただけだ——だろうか。

本当はあるべき姿を知っていたのではないか。それに対して何をしなければいけないかも知っていたのではないか。にもかかわらず「めんどくさい」「鬱陶しい」と思っていたのではないだろうか。あらためて問うべきだ。

「めんどくさいもの、鬱陶しいものを取り除けば、何かが出てくる」と思うのか。

たとえば経営コンサルタント。いまあるものを否定し、これはやめろ、あれもやめろと指示をして、そこから何が生まれたのだろうか。自ら事業経営をしたことのない大学の先生やコンサルタントという「専門家」の言うとおりにして、うまくいったことが、はたしてどれだけあるのだろうか。

順番を間違えれば何も出てこない。

なのに順番を間違えていることは山ほどある。いまでも記憶に残っているのは二〇一八年九月三十日に接近した台風二十四号のことだ。東京では電鉄各社が計画運休を発表した。それに対して都民は殺気だった声を上げていた。また台風が通過した翌朝、電車を待つ大行列にも驚かされた。

猛烈な風、雨の中、電車を動かせ、早く止めたら困る、台風が過ぎたら早く動かせ、スーパーはずっと開けとけ――なんでもかんでも「要求」する。それが自分の役割とでもいわんがごとくに。

災害の備えは「自助→共助→公助」の順番。自分のことは自分でする。余裕があったら隣近所、知り合いを助ける。そういった活動を公が援助するのが原理原則だ。これを逆に考える人が多いのだ。役所は何をしてくれる？　自治会は何をしてくれる？　鉄道は何をしてくれる？　エネルギーが止まったらすぐ使えるようにしてくれる？　――台風も地震も自然災害だ。誰もコントロールできない。だから自分の命は自分で守るしかない。日本人はそれを「分」を果たすといっていた。「分」を果たさなければ、「自分」という「分」もいずれ消滅するに違いない。

想像したくない、沈黙に囲まれた死の光景。それも自助から始まる話ではないだろうか。その本質を見て考えなければ、コロナ禍にいて、次は何をしてくれと叫ぶつもりでいるのか。問われているのは、正にそのことにつきる。

再起動

もう一度言う。コロナ禍後は、決してもとには戻らない。コロナ禍に入って、一か月経ち、半年経ち、一年経ち――その過程のなかで、それまでテレワークを始めとする、さまざまなことに抵抗を感じていても、「そうせざるを得ない」という価値観を得れば、納得し、慣れ、そのうちに「意外といいかも」となってくる。行動様式が変わり、新たな仕組みが生まれてゆく。だからもとには戻らなくなるのだ。

しかしそれが災いであることは間違いない。コロナは正真正銘、自然災害の一つである。であれば最初の一歩は自助。自分の命は自分で守ることから考え始めなくてはならない。

「場」は会社から家庭に。都心から地域に。「自助」の意識を掘り下げれば、おのずとそこでの役割が見えてくる。己の役割が見えれば、他人の役割も見える。他人の役割と己の役割を照らし合わせるのは「中間」の形＝○である。円陣をつくり、その○のなかで互いに対話を始めれば、相手に対する思いやりも芽生えてくる。相手がいて、初めて自分がいることに気づくからだ。そのためにも静かであってはいけない。対話を続けなくてはいけない。対話が「観」を生み、「文化」を育む――本質さえ見誤らなければ、どんどん自分の力で広がりを形成できる。どこまでも分散していける。

コロナ禍は好機だ。

重くのしかかった「過去の取り決め」を取り払い、人間一人一人に未曽有の発展の機会を与えてくれている。もちろん亡くなった方も少なくはない。亡くなられた方々との関係によっては、「好機」とは言いにくい人もいるだろう。その死を、悲しみとともに受け入れることも大切だ。だが停滞してしまえばそれこそ、亡くなった方々の御霊に対して礼を失することになるのではないだろうか。

再起動――日本全体の再起動を目指したい。

まずは、すべてのことを、自分で考えてみるところから始めようではないか。すべてを取り払い、真っ白になった自分というキャンパスに、あなたは何を描くのか。純白にたった一点、黒を落とせばもう白ではないと感じる私たち日本人。その感性にとって、最初に落とす一点はどうあるべきか――その一点は貴重であり、重みがある。それを選んだ瞬間が再起動の始まりだ。好機を逃すな。ともにつながって生きよう。明るい未来を子々孫々につなぐためにも。

あとがき

作家としてのパレットをできるだけ広げ、五感を駆使して、同じ時代を生き、果敢にパラダイムに対して戦いを挑む戦士たちの感情を、情報ではなく、アートとして伝える。それが本シリーズの目標である。

シリーズ二冊目は「哲学」となった。

池永寛明氏はまぎれもなく現代の哲人である。この哲人の思考は精巧・複雑であるが、それ以上にあたたかみを持っている。今回共著という形をとったのは、彼の「観」を正確に描きつつも、そこに流れる独特のあたたかみを、温度として文章に盛り込まなければならないと感じたからだ。

この文の骨と肉は池永氏。血は私。そんなコラボレーションを目指した。

それにしても、池永氏の頭脳にある海は広かった。じつに広々としていて、そして清らかな風が吹いていた。その航海も、このあとがきを書くことで、いま、終わろうとしている。旅の終わりがかくまで寂しいものなのかと、年甲斐もなくセンチメンタルになっている自分に驚いている。

航海の楽しさを、感じてもらえれば幸いだ。

たしか、この「幸い」という字も、「悪人を捕まえ外に出すから幸いなのだ」という、あまり良くない意味の字だと池永氏は言っていた。

あえてそれを使うことで、彼の記憶に小骨を刺したくなる。

困った作家とのコラボレーションだったと、池永氏の中に私の足跡を少しだけ残すことができれば上出来だ。

中野　順哉

参考文献

『上方生活文化堂――大阪の今と昔と、これからと』大阪ガス株式会社　エネルギー・文化研究所、大阪市立住まいのミュージアム（大阪くらしの今昔館）、二〇一九年
カルロ・ロヴェッリ『時間は存在しない』（冨永星訳）、ＮＨＫ出版、二〇一九年
河合隼雄『母性社会日本の病理』講談社＋α文庫、一九九七年

著者略歴

池永 寛明（いけなが ひろあき）

大阪ガス エネルギー・文化研究所　顧問

1959年、大阪市生まれ。1982年、大阪ガス株式会社入社、人事・勤労、エネルギー企画、日本ガス協会企画部長、北東部エネルギー営業部長、近畿圏部長、エネルギー・文化研究所長ののち2019年より現職。大阪・関西の風土と文化、技術と社会を文化でつなぎ、都市・社会・産業の今とこれから、コロナ禍後社会のあり方などを研究し、講義・講演・SNSなどで情報発信。

インターネットに掲載されている論考

日経COMEMO〈https://note.com/hiro_ikenaga〉2017年8月―2021年3月

大阪ガス エネルギー・文化研究所『情報誌ＣＥＬ』〈https://www.og-cel.jp/issue/cel/1290322_16027.html〉116号「ルネッセ「場」―都市を問い直す」2017年、117号「ルネッセ「交」―交流（つながり）を問い直す」2017年、118号「ルネッセ「耕」―文化を問い直す」2018年

中野 順哉（JUN-YA NAKANO）

作家。小説を阿部牧郎、浄瑠璃台本を七世鶴澤寛治の各氏に師事。2000年、琵琶湖水質浄化の紙を演奏会のチラシ・プログラムに使用することで年間5000トン以上の湖水を浄化する企画を立ち上げる。2002年より各地の歴史をテーマにした講談を創作し音楽とコラボさせた「音楽絵巻」を上方講談師・旭堂南左衛門とともにプロデュース。2014年、独自の大阪文化論「私の見た大阪文化」を発表。2015年より雑誌『新潮45』において「歴史再考」を執筆。2018年より株式会社ティーエーエヌジーとともにアニメ声優の朗読劇「フォアレーゼン」をプロデュース。現在は企業の商品・企業活動に人格を与えるブランドパーソナリティ、ブランドストーリーの構築も行う。

主著

『うたかた ―― 七代目鶴澤寛治が見た文楽』（関西学院大学出版会、2019年）。『あの駅に着いたら…』（データコントロール、2019年）。『ンポロゴマの倒錯』（関西学院大学出版会、2020年）。『小説 最上義光　つわもの』（アルトスリー、2020年）。

イラスト制作

青嵐　『家族ゲーム』的な食卓（p. 52）　日本的ミニマリズムの空間（p. 116）

パラダイムシフトの群像 Case 002
日本再起動《ルネッセ》

2021年4月20日 初版第一刷発行

著　者　池永 寛明　中野 順哉

発行者　田村 和彦
発行所　関西学院大学出版会
所在地　〒662-0891
　　　　兵庫県西宮市上ケ原一番町 1-155
電　話　0798-53-7002

印　刷　協和印刷株式会社

Printed in Japan by Kwansei Gakuin University Press
ISBN 978-4-86283-321-1